ももの かんづめ

さくらももこ

集英社

目次

装丁&装画——さくらももこ
A・D——明比朋三

ももかんづめ

奇跡の水虫治療

水虫といえばたいがいオッサンの持病であり、それにかかると脂足《あぶらあし》に甚《はなは》だしい異臭を放ち、その靴および靴下は、家族の間では汚物とみなされるという恐ろしい病気である。

そんな大変な病気に、私は16の夏、冒《おか》されてしまった。

どこでどううつったのか、そのルートは全《まった》く神秘のベールに包まれているのだが、最初は小さな水ぶくれだったので、「おや？　毒虫に刺されたのかな」と呑気《のんき》に構《かま》えていた。

しかし、私が呑気にしている間も水虫菌は着実に足の裏の皮フを養分にして成長していたのである。

数日後、私はそれまでの人生で経験した事のない痒《かゆ》みに不安をつのらせながら、毎日足の裏を眺めていた。ムヒを塗ってもオロナインを塗っても、一向《いっこう》に良くなる気配がない。それどころか、痒いエリアは広がってゆくばかりで、よくよく見ると皮フの下に小さな水疱《すいほう》が多数結集している。

私は身震《みぶる》いすると同時に、「もしや水虫では……」という予感で恐怖のどん底に落ちていった。

一時間経《た》っても二時間経っても、背中を丸めて足の裏ばかり熱心に眺めている娘がいたら、大抵《たいてい》の親は心配する。我が母も、さすがに心配になったらしく様子を見に来た。そして私の足をひと目見るなり、「アッ、あんたそれ水虫だよ、間違いない」とタイコ判を押した。

間違いであって欲しいと、すがるような思いで母を見上げた私に向かって、さらに「水虫って、もンのすごい治りにくいんだよ。あ〜あ困ったね、どうする？」とつけ加えた。どうするもこうするも、私は泣くしかなかった。

私が水虫になったというウワサは、約一分で家族全員に知れわたった。〝臭《くさ》足《あし》のヒロシ〃と異名をとる父は「オウ、水虫女、大変だなァ」とニタニタしながらからかってきた。彼は自分の脂足よりも、もっと強力なキラワレ者が登場した事がうれしくて仕方ないのだ。

姉は急に冷酷極《れいこくきわ》まりないナチの司令官の様な顔になり、トイレのスリッパは使うなとか、部屋を裸足《はだし》で歩くなとか、数々のオキテを数十秒のうちにつくりあげ公布した。

あくる日から、私の水虫研究は始まった。野口英世並みの熱意で研究を行い、一日のうち七十パーセント以上の時間を水虫に費《つい》やしていた。こうなると、苦悩だか生きがいだかわからなくなってくる。とにかく生活の基盤が『水虫』なのだ。

研究の主な内容は『治療』である。市販の水虫治療薬は勿論《もちろん》、ありとあらゆる手段を尽くした。せっかくのバイト代も次々と新種の水虫軟膏《なんこう》に姿を変えた。

ある日、母が「二丁目の某さんが、漂白剤を入れたお湯に足を浸《つ》けて治療したら、効果があったってよ」と報告したので、早速ハイターを入れたバケツを母に用意させて試《こころ》みる。

〝バイ菌までまっ白〟という宣伝文句が頭の中でグルグル回りながら、水虫菌がハイターにやっつけられている姿を想像して、胸をときめかせていた。しかし効果なし。

次は軽石でゴリゴリ患部をこすり、血がにじんだところに市販の水虫軟膏を数種類ブレンドして塗り込んでみる。モーレツにしみる痛みが、「ワー、殺られた」という水虫の絶叫に思われたのだが、それはただの淡い幻想にすぎず、『ブレンド軟膏計画』も失敗に終わった。

その頃、学校の体育の授業でダンスがあり、全員裸足にならなくてはいけなかった。私は水虫が学友たちに発覚するのを恐れて、足を包帯でグルグル巻きにした。皆、「どうしたの？」と尋《たず》ねてきたが、「うん、ちょっとね」とだけ答えて多くは語らなかった。

皆、最初のうちは〝ケガでもしたのだろう〟と思ってくれていたらしく、こちらの計算どおりだったのだが、予想外にダンスの授業は三カ月も続き、その間ずっと包帯をしている私の姿は、〝治らないケガを負った足〟としてひそかに話題になっていた。

身心共に、かなり疲れてきたが、〝水虫なんて、カビの一種じゃないか、たかが植物なのだから熱さには弱いだろう〟と熱責《ねつぜ》めを思いついた。

普段は使わない学習スタンドの100ワットの白熱灯を患部ギリギリまで近づけ、極限の熱さと戦う。軟膏を塗られて赤くはれた皮フが白熱灯で照り焼きにされている姿は、まさにギラギラとした灼熱《しゃくねつ》地獄であり、皮フの下の水虫菌が地獄の囚人となり、阿《あ》鼻叫喚《びきょうかん》が聞こえるようであった。

自分の足を自分で焼くという私のマゾ的行為は、家族の顰蹙《ひんしゅく》をかっていた。

この熱さが、いつしかエクスタシーに変わったりしたら赤信号なのだが、そんな横道にそれずに私の荒療法は連日続いた。

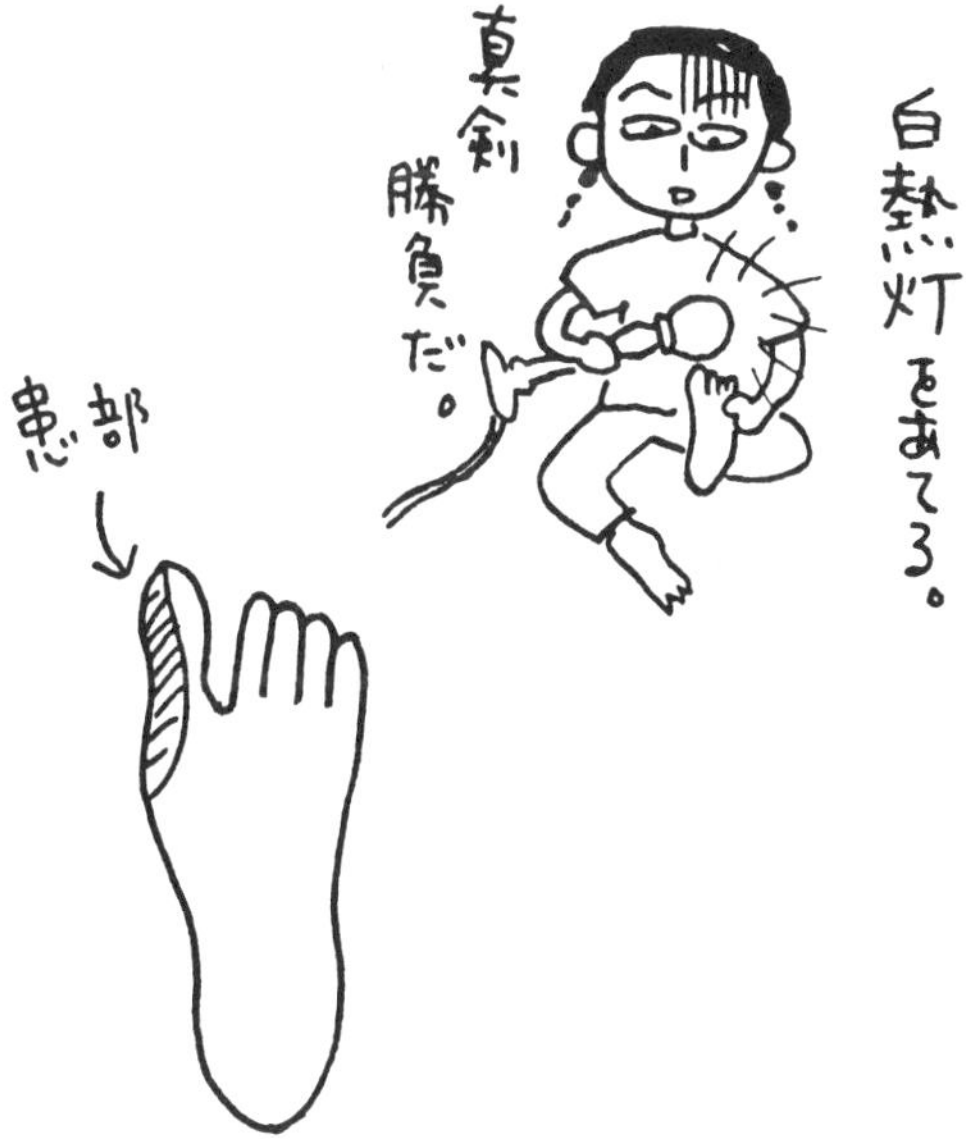

奇妙な荒行《あらぎょう》をくり返す私を見て、「そのうち山伏《やまぶし》か仙人になっちまうんじゃねェのか」と言って笑う〝臭足のヒロシ〟の足さえも、惨《みじ》めなほどうらやましく感じたものである。

　そんな私の姿を見て、かわいそうに思った母が、「実は私も昔、水虫になった事があってね……」と告白し始めた。私は「なんで早くソレを言ってくんないのさ。どうやって治したか教えてよ」と問いつめてみたのだが、「なぜだか治っちゃったんだよ、これが」と気の抜けた答えが返ってきただけであった。

それにしても、母の〝私も水虫になった発言〟は、家族の間でもセンセーショナルな話題としてもちきりになった。彼女は若い頃、『イヤだけど命にはかかわりない病気界』の三本柱である、盲腸・イボ痔・がんこなニキビ、を経験しており、その上に水虫までともなれば、がっぷり四つ、こわいもんなしではないか、と我々は絶賛してやった。

数々の努力も空《むな》しく、ただいたずらに一年半が過ぎていった。友人たちは皆、海へ行ったり彼氏ができたりして青春を謳歌《おうか》している。しかし私には、そんな事は許されない。水虫持ちの女には、海も彼氏も贅沢品《ぜいたくひん》なのだ。

一体どうしたら治るのだろう。こんな事では嫁にも行けない。将来、就職する時にも身体検査で水虫持ち、という事がバレて採用試験に落ちるかもしれない。私の人生は水虫で台なしだ。「ギャー」と叫んでバイクで海までとばしてやりたい。そして万引・強姦《ごうかん》・シンナー遊びだ。すべて水虫、おまえのせいだぜヘイヘイヘイ、と心の中の私は完全にグレてしまっていた。

悲観的な毎日を送っている時、テレビで心霊治療の特番をやっていた。ブラジルだかどこだかの野蛮《やばん》そうな男が、手をかざすだけでどんな難病も治してしまうのだ。「この人が近所にいればなァ……」、その男が隣人でない不幸を噛《か》みしめながら、テレビのスイッチを切った。

ある夜、姉が背中を丸めて足の裏を熱心に眺めている。身に覚えのあるアノ姿勢である。「どうしたの」と尋ねると、「水虫菌がうつった……」とポツリと答え、青ざめていた。

ざまあみろ、私の水虫に冷たく当たり、オキテまでつくった罰《ばつ》だ、と大笑いした。「これからは同じ水虫研究員として共に人生を歩もう」と〃水研〃に勧《かん》誘《ゆう》したのだが、姉はこの世の終わりという顔をしながら涙ぐみ、「アンタがすべて悪いんだ。この世の悪事はすべてアンタの……」等と暴言を吐きながら、ふて腐れた。

姉が水虫になった事を、私は早速母に報告した。母は〝呪《のろ》われた水虫姉妹〟を我が子に持った感想として、「わたしゃ情けないよ」の言葉を残し、音もなく台所に消えていった。

翌日から姉は病院に通い始めた。姉の話によれば、物凄《ものすご》く痛い注射をうたれ、赤外線らしき光線をあてるという治療を受けたらしい。

注射に光線とは、自己流の水虫治療ではできない手段であり、効《き》きそうだ。もし、姉の水虫がメキメキ良くなってしまったら、どうしよう。私が一年半もかけて研究しても遂《と》げられなかった目標を、新参者の姉が努力もせずに果たしてしまうなんて、私の今までの行為の愚《おろ》かさを裏付けるようでやりきれない。

心の隅で姉の水虫が回復に向かわぬことを祈りつつ、私はまた自己流の世界に入っていった。

おかげ様で、姉の回復は思わしくない。私はホッとしながらも、現代医学さえ及ばない水虫の恐怖を改めて感じてうなだれた。

もう、足の裏の肉を手術で切りとり、尻の肉を移植でもしようかと真剣に考えていた時、思いもよらぬ情報が飛び込んできた。

それはある児童用の書物で偶然発見したのだが、なんと、『お茶っ葉』が効くというのだ。

どういう了見《りょうけん》で、お茶っ葉が水虫に効くのか、全く理解の範囲《はんい》を超える方法だが、ワラにもすがる思いの私は早速実行に移った。

まず患部を軽石で洗い、少し血がにじむ程度に皮を薄くした。これは私の勝手な療法だが、この方がお茶のエキスが水虫菌に直接作用しやすそうだからである。次にお茶っ葉に熱めの湯をかけ、ふやけたところをストッキングに入れ、患部を覆《おお》って床《とこ》に就《つ》いた。

どうせこんな療法は、我が清水市の茶所《ちゃどころ》ならではの迷信だろうと思い、たいした期待もせずに一夜は過ぎた。

ところが、一週間この方法を続けただけで私の水虫は完治した。

どれほど狂喜したことか。これで私の人生も、やっと普通の幸せを求める権利が与えられたのだ。

それを見て慌《あわ》てたのは姉である。姉は早速私の行為とその成果を医者に告げ口した。医者は「そんなバカな。アナタ、いくら此処《ここ》がお茶所だからって、そのような話は聞いた事がない」と一笑に付《ふ》したそうだ。

しかし、お茶パワーをリアルタイムで目撃した姉は、もはや密教のパワーを見せつけられた信者に等しい。

彼女も毎晩お茶っ葉を足に巻いて眠った。布団《ふとん》にはお茶の汁の跡が点々と染《し》みつき、水虫治療の悲しさを物語っていた。

数日後、姉の水虫も完治した。驚異である。私だけではなく、姉まで治ったとなると、もう紛《まぐ》れではない。

医者も水虫軟膏も、思いがけない伏兵《ふくへい》の登場に敗れ去り、闇に葬《ほうむ》られた。

それにしても、このお茶っ葉療法を、初めて実践したのは誰なのだろう。また彼は、どんなシチュエーションで水虫にお茶っ葉を宛《あ》てがおうと思ったのか。なにはともあれ、古《いにしえ》の水虫研究家に金一封でも送りたい。

極楽通い

最近、身体がどうもダメだ。頭と首と背中と腰と足のスジが痛い。おまけに、なんだかダルくて仕方がない。

頭痛、神経痛と二日酔いがいっぺんにやってきた人の様な症状を訴えているが、原因は偏食《へんしょく》と不規則な生活に間違いない。

私は早速、近所の〝健康ランド〟に行く事にした。ここは、その名のとおり健康に良さそうな設備がたくさんあるランドなのである。

サウナにはいり、冷水を浴び、ジェットバスでコリをほぐしたあと、薬湯にはいる。このくり返しで約二時間経過してしまった。

フラフラになった頭で〝ホントに健康に良いんだろうか……〟と考える間もなく、お待ちかねのマッサージの順番が回ってくる。

マッサージ室にはいると、初老の女性がタオルを持って待ち構えていた。顔の数本のシワが〝マッサージ一筋〟という風格をかもし出しており、いかにも腕が良さそうである。

そんな彼女の顔を見るなり、私は数秒後に訪れる快楽の渦《うず》を想像し、期待で胸がむせ返りそうになった。

私の愚かな心中も知らず、老婆はせっせと準備をしている。そして「ハイ、どうぞ」とベッドにうつぶせに寝るように指示したあと、タオルケットをかけてくれた。

「どこがお疲れですか」という質問に対し、「ええと、首と肩と背中と腰と足です」と答えたらすぐに「それでは全身ですね」という言葉が返ってきた。最初から「全身疲れてます」と言えばヨカッタ、という私の後悔をよそに老婆は首スジを揉《も》み始めていた。

この老婆、ツボをよく知っているのか、たいして力を入れている様子もないのに物凄く痛い。痛けりゃ痛いと言えば良いものを、痛い方が効くのかも、という錯覚《さっかく》が私に我慢をさせてしまう。

黙っていたら、ますます痛みはパワーアップしてきた。特に痛いポイントを押されると息が止まってしまう。私は快楽を求めて来たのに、こんな受難に遭《あ》っているのは一体なぜだろう。うつぶせている頭の下には私の苦痛に歪《ゆが》んだ顔がある。この顔を老婆に見せてやりたいが、首を押さえられているのでどうにもならない。

「この辺《へん》は、痛いですか」と肩のスジを押しながら老婆は尋ねた。さきほどからの苦痛を訴える絶好のチャンス来《きた》れり、と思って「ハイ、凄く痛いです」と答えたら「そうでしょう、そうでしょう」という返事と共にもっと力が加わった。ツボを探し当てた喜びで、彼女は明らかに調子に乗ってしまったのだ。

いつのまにか、私は心の中で彼女を『ツボ師』と呼ぶようになっていた。ツボ師は、時に金脈を探すゴールド・ハンターのように、時に油田を探すオイル・ハンターのように、また時にトリュフを探す鼻のいいブタのように、次々と私のツボを掘り当てては容赦《ようしゃ》なく押しまくった。

四十分間のマッサージも中盤にさしかかったころ、ツボ師の姿がコツ然と消えた。

アレレ？ と思った次の瞬間、ツボ師はヒラリと身をひるがえして私の寝ているベッドの隅に飛び乗っていた。

そして、「今から上に乗ります」と言ったとたんに私の背中を大変リズミカルに踏み始めたのである。

こんな身軽な老婆がいようか？ 私は二時間の入浴により、使いモノにならなくなった脳ミソをフル回転させて考えた。

これは天狗《てんぐ》の仕業《しわざ》に違いない。天狗がツボ師の婆さんに化《ば》けて、健康ランドで稼《かせ》いでいるのだ。

天狗は私の足のスジをゴリゴリとやり、その後またベッドの上に飛び乗ったかと思うと私の背後にしのび寄り、アッというまにコブラツイストをかけてきた。痛い……。

おしまいに、私の肩を二回ほどパンパンと大きく叩《たた》き、「ハイどうもありがとう」と言った。そしてチラリと私の方を見ながら、「あなた、相当こってますから、しばらく通《かよ》った方がいいかもしれませんね」とつけ加えた。

通うって言ったたって、お茶やお花とワケが違う。健康ランドに通う事になった24歳の私は、嫁入り前に一体そこで何を学べば良いのであろうか。

ともあれ、健康ランドに通う事は、私にとって楽しむべき事であり、ちょうど良いリラックスにもなるので、週に二回くらいの割合で通う日々が続いている。

友人に話しても皆、「へえ、良いわね。私も一緒に通おうかしら」と口を揃《そろ》えて言うが、一緒に通う事になった者はひとりもいない。

唯一、寝ちがいを起こして首が回らなくなった友人だけが、「試《ため》しに健康ラ

・ツボ師の天狗あらわる

ンドに行ってみる」と言ったので私もついてゆく事になった。

友人は、首から背中にかけて物凄く痛いらしく、歩き方がガチョウのようになっていた。聞けば、くつ下をはくだけで泣きながら七転八倒《しちてんばっとう》したという。どんな眠り方をしたら、そんなふうに寝ちがえる事ができるのか、疑問である。

友人は、決死の思いで服を脱ぎ、サウナに向かって行った。そして「はいる前より痛くなった」と言ってサウナから出てきて、マッサージをうける事になった。

彼女は、整体のできるマッサージ師を指名し（本来なら指名はできないシステムなのであるが）、首から背中が痛む旨《むね》を説明した。マッサージ師は、彼女の背中を揉みながら、「あなた、イカや魚が好きでしょう」と言った。彼女が「ハイ」と答えると、「やはり、背中の肉が〝イカ〟って感じしますもの」と自信たっぷりに言い切った。

背中がイカだと指摘された友人は、その他にも肉好きである事、甘い物好きである事など、次々と指摘され、挙げ句の果てには「あなた腰も悪くなっているけれど、遊んでばっかりいるんじゃないの？」と男好きまで指摘されそうになったので、あわてて否定していた。

マッサージ師が言うには、彼女の背中の痛みは寝ちがいではなく、偏食による悪い血液が原因なのだそうである。なんでも、このような症状をギックリ腰ならぬギックリ背中といい、一番良い治療法は断食《だんじき》なのだという。

「甘い物と、肉類は厳禁《げんきん》です」とマッサージ師は言った。友人は昨晩ケーキを五個食べ、健康ランドへ来る途中で焼き肉屋へ寄った事を私は知っている。このマッサージ師にその事を告げたら卒倒するであろう。

とにかく、悪い血を出した方が良い、それには吸角《きゅうかく》が一番である、とマッサージ師は言い、隣町の鍼灸院《しんきゅういん》を教えてくれた。吸角とは、丸いガラスびんを身体に吸いつかせて悪い血を採るという東洋医学の神秘なのだ。

友人は翌日、早速鍼灸院へ行った。面白そうなので私も一緒について行った。鍼灸院は商店街の中ほどにあるビルの二階である。扉を開けると、狭い病室に幾つものベッドが置いてあり、ゴロゴロと数人の老人が横たわっていた。

「あの……背中が痛いので、吸角をお願いしたいのですが……」と友人が言った。続けて私も「あの……べつに何ともないのですが、身体に良さそうだから、ついでに吸角をお願いします」と言った。

医師は、ニコニコ笑いながら、「そうですか、ではおふたりとも、ひと通りやっていったらどうですか」と言い、まずは電気療法を勧《すす》められた。

電気療法は、肩や腰に電流を通して筋肉に刺激を与えるのだが、生まれてこのかた、身体に電気なんて流した事はないため、その感触《かんしょく》たるや非常に奇妙なもので、肩や腰の血液がビールになって流れているような気がした。

横のベッドを見ると、丸々とした婆さんがイモ虫のように身をよじらせている。どうやらこのベッドは、ローラーがついているらしいのだ。

数分後、私もこのローラーベッドに寝ころんで、イモ虫になりながら気持ち良さを確認した。これは年寄りにはこたえられないシロモノであろう。

ローラーベッドで極楽《ごくらく》を味わったあと、待っていたのは〝首吊りベッド〟であった。さきほどから、数人の年寄りが首を吊られているのを目撃していたが、まさか我が身にも首吊りが回ってこようとは……。

横たわった私の首にタオルをあてがいヒモをかけ、「苦しくなったら手を叩いて下さい」と言う看護婦。ベッドがギィーと少しずつ傾斜してゆく。身体も少しずつズルズルと下がってゆく。苦しい……、でも、もう少し苦しい方が、効くのかもしれない……、またいつものクセで、そんな事を思ってしまう。

三十度の傾斜でベッドは止まった。私の首は吊られたまま、しばらく放置されていた。

背中が痛いと言っていた友人は、遠くのベッドで悲鳴を上げている。「ギャア」という声が、首吊り台の上にも細々《ほそぼそ》と聞こえてきた。

首吊りが終わると、いよいよ吸角をやってもらう番である。悪い血を吸い出すというので、ドス黒い血をドクドク採血するのか、と思って内心恐れおののいていたのだが、「吸角というのは採血するわけじゃないんですよ。悪い血を、吸盤で吸い上げるだけです」という説明を聞いて安心した。どうやら痛くはないらしい。

背中を出してベッドに転がっていると、看護婦さんがやって来て、ガラスびんを次々と背中にくっつけ始めた。今、私の背中のガラスびん達は、どんどん私の悪い血を吸い上げているハズである。そう思うと快感だ。

「ハイ、そろそろいいでしょう」と言って看護婦がガラスびんを全部はずしてくれた。

「跡が物凄くついてますね。これは体調が悪い証拠です」と看護婦が言うので鏡を見て仰天《ぎょうてん》した。

なんて気持ちの悪い背中だろう。直径五センチの丸く赤いアザが、点々十五個以上ついている。イヤだ、助けて下さい神様……。

死にそうな顔をしている私に向かって看護婦は「一週間くらいでとれますよ、安心して下さい」と言った。とりあえず、一週間は健康ランド通いは休まなければ、と思った。

友人は、吸角を行ったとたん背中の痛みが消え、爽《さわ》やかな顔で首吊り台へと登って行った。ところが、わずか傾斜二十度で苦痛を訴え、〝ツボ刺激ベッド〟に乗り換える変わり身の早さといったら、まるでこの世の栄枯《えいこ》盛衰《せいすい》の如《ごと》しである。

帰り際《ぎわ》に、下呂膏《げろこう》を貼ってもらい、そのうえ数枚お土産《みやげ》に買ってきた。この下呂膏、筋肉の隅々までしみわたる心地良さで、作った人の心が伝わる一品である。

私は、うかつにも鍼灸院に保険証を忘れてきてしまい、また行かなくてはならない。

健康食品三昧

健康食品とは、その名のとおり食べると健康に良いとされている食品である。しかし、健康に良いとされているわりには医学的根拠《こんきょ》があまりなく、どうにもこうにもうさん臭《くさ》いのが健康食品の特色なのだ。

そんな健康食品を、私は売るハメになってしまった。短大一年の夏の話である。

モノ好きな家族達は、私が健康食品売場でバイトすると聞いて色めきたち、早速「米酢《よねず》」を店員割引で買ってくるように命じた。「米酢」が体に良いなどという情報を、どこで仕入れてきたのか知れぬが、母も姉も「とにかく毎日飲むことにする」とはりきっている。

私は母から「米酢」の代金二千五百円を受け取り、バイトに出かけた。その健康食品売場は静岡の駅ビルの地下食品街の一角にあり、同じクラスの学友達も他の店舗でバイトをしていた。

先輩のおばさん店員が、まず品物の説明をし始めた。それによると、ほとんどの商品は「貧血、過労、食欲減退」に効き、ミツバチとスッポン関係だけは精力増進に効くようである。

おばさんは、ひととおり説明し終わると、数種類のハチミツを出してきて、私に味見するよう勧めた。

喉《のど》が焼けるような甘ったるいハチミツが、何種類も私の胃の中へ流れ込んでゆく。胸の奥が熱くなってきた頃、おばさんは「どれが一番おいしかったかね？」と呑気に質問してきた。

どれも同じような味であったが、とりあえず「これです」と私が指さしたハチミツを見るなり「それは一番の粗悪品だよ。まだ口が肥《こ》えてないね」とおばさんは言った。私は一番の粗悪品を「うまい」と感じた舌を呪い、〝この次試される時にはきっと当てておばさんをビックリさせてやろう。そのためには、ザ・テイスト・トレーニング・オブ・ザ・ハチミツが必要だ。がんばろう〃と地味な闘志を燃やしていた。

おばさんは、ローヤルゼリーだのプルーンだの、次々私に試食させた。他の売店の友人は、皆ケーキだのおせんべいだのを楽しげに試食しているのに、こちらは白目をむいて黒酢を一気に飲むしまつ。黒酢は噎《む》せ、気管に入り、私は激しくセキこんだ。さきほどのハチミツは胸やけだ。本当に体に良いのだろうか。

翌日から私は一人で店を任《まか》される事になった。もう、良きアドバイザーであるおばさんはいない。めったに売れない店なので、店員は一人で充分なのだ。

朝八時半から開店しているのに、昼になっても一人も客が来ない。他の売場は客でごった返しており、前のおすし屋などは午前中だけで十万円売ったなどと噂《うわさ》が聞こえる。

私は寂しくなり、自腹を切って「のど飴《あめ》」を買った。これで店の売り上げは〇《ゼロ》円から二百四十円になった。レジには、その日一日中、二百四十という数字が打ち込まれ、青白い光を放っていた。

売り上げ二百四十円のまま、閉店の時刻がやってきた。私の店は三メートルくらいのショーケースだけしか置いてないため、どこの店よりも早く閉店できる。これが唯一《ゆいいつ》の特典といえよう。

レジに鍵をかけ、サッと白い布をかぶせ、レジの横の出入口からコソコソと表に出る。

私は「のど飴」をなめながら、重い足どりで家路についた。

ある日、隣のケーキ屋の売店で働いていた奥さんが、「もう結婚して五年も経つのに、子供ができないの」と相談をもちかけてきた。

私は久々の客とばかりに、効果はどうあれとりあえず高価なローヤルゼリーを薦《すす》めた。

ところが、まもなく彼女は妊娠し、ケーキ屋のバイトを辞《や》めてしまったのである。

私はローヤルゼリーのパワーに驚き、早速店に置いてあった試供品《しきょうひん》を二粒、ゴクリと飲み込んだ。ハチの尻から出されるこのエキスには、生命の源《みなもと》が凝縮されているのだ……、そう思うとヘンに力が湧《わ》いてきて、重いダンボールを無意味に移動させたり、とにかくムダにエネルギーを使いまくった。

ふと見ると、両親がショーケース越しに立っている。どうやら私の仕事ぶりを面白がって見に来たらしい。私の商売根性の炎は瞬《また》く間に燃え上がり、あっという間に両親をも餌食《えじき》にしようと企んだ。

私は、まるでイタコのように玄米フレークの効用を語った。それに恐れおののいた母は、父の「バカ、よせ」という罵声《ばせい》を振りきって財布のヒモをゆるめた。まんまと玄米フレークを買わされた母に、私は調子にのってローヤルゼリーを薦めたのだが、父の激しい反撃に遭い売り損《そこ》なってしまった。

　売れない日々が続く。暇《ひま》で暇で仕方がない。私がただひたすら休憩時間を待っていると、一人の男が店の前に立ちはだかった。「おっ、客か」と思い、ニコニコしながら「いらっしゃいませ」と言うと、その男は黙って試食品の胚芽《はいが》ビスケットを数枚取って足早に去っていった。

私が唖然《あぜん》としていると、隣のうなぎパイ屋のおばさんが、「今のは午前中の試食魔だよ、気をつけなきゃダメだよ」と顔をしかめながら言った。

聞くところによると、試食魔とは試食品ばかりを食べ歩く特定の人物の事で、このデパートには三人現れるという。しかも、午前の者、正午の者、午後の者、と分かれており、どうやらそれぞれのテリトリーまであるらしいというのだ。

私は試食魔をとことん観察する事にした。たった今、うちの試食品を取っていった男は年齢50歳位で小柄。お菓子売場に直行し、山積みにされているアラレをつまんで食べている。あのアラレはたしか試食品ではなく売り物のはずだ。大胆不敵《だいたんふてき》な午前の試食魔の行為に私の目は釘付けになった。

彼は中央のベンチに寝転び、眠り始めた。食品街きっての〝いこいの広場〟も一瞬にして暗転。彼のベンチの周辺には誰もいなくなった。

正午になり、そろそろ二番手が現れるハズだとワクワクしていると、隣のケーキ屋の試食品をばくばく食べている女がいる。それが正午の人であった。

彼女は花柄のブラウスにピンクのパンタロンという超センスの悪い60年代のいでたちで、汚いきんちゃく袋を持っていた。ケーキ屋の試食品を食べた後、私の方を見てニヤリと笑い、「健康食品には用ないよ」と言い放って立ち去った。

あの女でさえ用がないこの店は、一体誰のために存在しているのだろう。……力が抜けて空腹になった。いろんな店の試食をしている彼女に羨望《せんぼう》の念が湧いてきた頃、昼の休憩の時間がやってきた。

休憩は一時間で、倉庫の横にある四畳半位の座敷で弁当を食べたりする。外食してもいいのだが、私は弁当派であった。弁当といっても、その辺で買ってきたおむすびやらパン等を食べるだけであるが、食事は十分で済ませ、あとの五十分は眠るのだ。

四畳半の座敷で、十人前後がゴロゴロするのだから、本気で挑《いど》まなければならない。私も蚕《かいこ》のさなぎになったつもりで、身を硬くして眠った。

夕方六時頃、いよいよ三番手が現れた。年齢不詳《ふしょう》のその男は、まず飴屋で茶飴を取り、続いて果物屋でパイナップルを取っていた。見かけによらず、女子《おんなこ》供《ども》向けの食品が好みのようである。

男は外側の店ばかりを狙い、ずいぶん遠くへ行ってしまった。もうサヨナラか……と少し寂しく思っていると、例のうなぎパイ屋のおばさんが「あの人はあと三分位でまた戻ってくるよ」と言う。

おばさんの予言どおり、彼は戻ってきた。そして公衆電話の返金口やら自販機のツリ銭口などを探った後、魔術師のような巧《たく》みな手口でササッと紀文のかまぼこを取り、イヒヒと笑いながら立ち去った。

私が出した胚芽ビスケットの試食品は、ついに午前の試食魔が食べただけで終わった。こんなことなら、他の二人にも試食してもらえばよかったと、無念さを噛みしめながら残ったビスケットを処分した。

健康食品は、売れないままに一年が過ぎた。私はあと一週間でこのバイトを辞める事を申し出ていた。

そんな折、うちの店に〝特売フェア〟の順番が巡《めぐ》ってきた。この順番が巡ってきた店は一週間だけ食品街の一等地で派手《はで》に商売しても良いという特権が与えられ、通常の五倍の売り上げが約束されるのだ。だから、どんなに辛気《しんき》臭い店もこの時ばかりは博多どんたく並みの盛り上がりをみせる。

うちの店も例外ではなかった。とにかく、今売り出し中の〝ハチミツジャム〟を売りさばこうという企画により、べらぼうに高いピラミッドがそのジャムで造られた。そして〝ミツバチ・フェア〟という看板と、誰が描《か》いたのだか知らぬが「みつばちハッチ」の死に損ないのような絵が高々と掲げられた。

一方、メインテーブルでは一メートル四方の木箱の中に五十匹余りのミツバチが、ブンブン唸《うな》りながら見せ物になっていた。箱の底の方を見ると、早くも死んでいるミツバチが転がっていてうす気味悪い。

健康食品店の経営者も、このフェアに賭《か》けていた。売り子の私とおばさんは「ハチミツ」と書いてあるハッピを着せられ、ミツバチの生態を教えられた。お客さんにミツバチの生態を聞かれても困らないようにだそうである。準備は万端《ばんたん》である。お客さんにミツバチの生態を聞かれても大丈夫。どんとこいだ。

いよいよフェアが始まった。相変わらず、おすし屋はよく売れ、紀文は景気がいい。うちは、こんなに派手にしているのに誰も来ず、ハチのブンブンという音だけが耳につく。

たまにミツバチを見ている人がいると、私は聞かれもしないのに、その生態について説明しまくった。聞かされた人は〝世界で一番どうでもいい情報を得てしまった〟というような顔で立ち去っていった。

そんな調子でフェアも終盤を迎えた。寂しいものである。箱の中のハチも半減し、水を替えてやる時などに二、三匹逃げ出して、食品街の中をブンブン飛び回っていた。

私もおばさんも疲れきり、交わす言葉もなかった。こんな顔色の悪い二人が健康食品を売ったところで売れるはずもなく、私達は経営者共々ハチノムサシの如くフェアに挑んで、死んだのである。

翌日から私はバイトを辞め、ハードな学生生活に終止符を打った。一週間後に今月分の給料を受け取りに来るように言われていたので約束どおり期日に出かけていった。

すると、あの場所に健康食品店はなかった。なんと佃煮《つくだに》屋になっているではないか。たった一週間前までは私が働いていたのに……。

もう何が真実なのだかわからなくなった。あのフェアは、〝さよならフェア〟だったのか。私の給料はどうなるんだろう……あとのまつりという文字が瞼《まぶた》の奥に浮かんだ。

それからしばらくして、我が家に現金書留が届いた。中には五万円余り入っていた。この金で、あの時のフェアのジャムがいくつ買えるか確かめるために、私は三十分かけて電卓を探した。

明け方のつぶやき

これまでの人生の中で、「こんなもの買わなきゃよかった」という物をすべて返品したら、総額いくら返ってくるであろうか。

私は、間違いなく二百万円は返ってくる。いや、くだらん習い事の費用や、ばかばかしい一過性の趣味にかけた費用も含めると、あと五十万はアップする可能性が高い。

こんな無益《むえき》な買い物をしてしまうのは、そもそも私の性格が騙《だま》され易《やす》いところにある。

17歳の頃、深夜のラジオ番組で、「夜中の十二時に、新しい鏡とクシを持って便所に行くと、将来結婚する相手の顔が見える」という情報を聞き、私の胸は高鳴った。〝そんなバカな事あるはずがない〟と思いながらも、〝ひょっとしたら見えるのかもしれない、もし憧《あこが》れのあの人が見えたらどうしよう……〃という無鉄砲な期待が、私を常識の域から離脱《りだつ》させたのであった。

翌日、早速クシと鏡を購入し、十二時になるのを待った。家の時計が数分遅れているかもしれない、と用心して十二時十分前から便所に入った。

やがて時計は十二時を打ち始めた。うかつな事に、相手の顔がどこに現れるのかわからなかったため、私はあわてふためき、とりあえず鏡を見たが、そこにはマヌケ面《づら》した自分の顔があるだけであった。もしや、と思い、便器のフタを開けて中をのぞいてみた。しかし、便壺の中から憧れの君が、「ヤア」などと出てくるわけがなく、グッタリと力尽きた父の糞が、電灯に照らされて見えるだけであった。

それでもまだ、家の時計が数分進んでいるかもしれない、と思って十二時十分になるまで便所にこもり、約二十分も鏡を見たり便壺をのぞいたりしていた。

「やっぱりね、そんな事あるわけないじゃん」などと独り言を言って照れ笑いをし、今やったばかりの行為をなかった事にしようと努力したのだが、ムダになった新品の鏡とクシが、空しい光を放ちながらその決行を裏付け、私の愚かさをせせら笑うのであった。

しかし、その時の出費はクシと鏡の代金五百円程度で済んだからまだいい。約半年後に、私は決定的にバカげた物を買ってしまう。

〃睡眠学習枕〃がそれである。睡眠学習枕とは「眠りながら単語などの暗記ができる」という夢のような商品で、怠《なま》け者の私の心をガッチリ摑《つか》んで放さなかった。

宣伝文句をよく読んでみると、『人の睡眠中は、レム睡眠とノンレム睡眠があり、レム睡眠の時は体は休んでいるけれど頭は起きているのです。この睡眠学習枕は、枕とテープレコーダーを接続して明け方頃にタイマーをセットし、レム睡眠が起こると同時に枕が単語をしゃべり始め、苦労なしに暗記できるという品物なのです』というような事が書かれてあった。

レム睡眠だとか、体は休んでいるのに頭は働いているだとか、そういう科学的根拠《こんきょ》がありそうな事を、具体的に説明されるともう信頼度百パーセント、あなたの胸に飛び込ませて下さいという気分になる。洗剤などでもそうだ。酵素の力だの、油汚れを分解しながらいい匂いをまき散らし、その上漂白作用もある、とでも言おうもんなら、それのCMに出ている役者までをも信頼し、「あんたがそう言うのなら、あんたを見込んで買いましょう」と、サイフのひもがブカブカになる。アクアチェックをしていた頃の石坂浩二など、何度私に見込まれたであろうか。

早速私は、睡眠学習枕の申込書を出した。母は、「眠りながら暗記できるんなら、あんたは毎日居眠り授業してるんだから、テストだって満点とっていいはずでしょ。頼むからそんなバカなもん買うのやめてよ」と泣きそうな顔で言った。なるほど、居眠り授業のわりには、今まで一度も先生の話が記憶に残っていた事がない。ちょっとだけ睡眠学習枕に疑惑《ぎわく》の念が湧いたが、『授業中の眠りは、レム睡眠じゃなくて、ノンレム睡眠だったんだ。きっとそうだ」と思い直して、母の意見をくつがえした。

従妹《いとこ》は、「私、夜、寝ながらラジオ聴いて、つけたまま眠っちゃう事何度もあるけど、一度も内容覚えてた事ないよ。絶対、睡眠学習ってできないと思う」と、もっともらしい意見を言った。しかし、私は母の意見よりも従妹の意見よりも、〝睡眠学習枕体験手記〟を書いた大阪府のA君『僕は眠りながらライバルに差をつけた!! 学年三位』の意見を信用していたのである。

否定的な意見が親族内で飛びかう中、睡眠学習枕は我が家に届けられた。定価は三万八千円。枕にしては高額である。私は十回払いのローンを組み、月三千八百円ずつ支払う事にした。

ワクワクしながら箱を開けると、そこにはダイヤルが二個ついた、硬い枕がはいっていた。「うむ。このダイヤルが他の枕とはちょっと違うんだよ。そしてスピーカーが内蔵されているところがね……」と自分を納得《なっとく》させながら各部分を確認してゆく。

傍《かたわ》らで見ていた父が、「その枕しゃべるんだろ、おもしれェなァ、今すぐしゃべらせてみろ」と言うので、試しに「うんこちんちん」という時代遅れの加藤茶のセリフを父の声で吹き込む事にした。

テープレコーダーに向かって父は、「うんこちんちん」と言い、枕のダイヤルをセットする。高まる期待と緊張の中、枕は父の声で「うんこちんちん」とつぶやいた。

私と父は機関銃のように笑った。バージンボイスを「うんこちんちん」に奪《うば》われた枕は、少し震えているように見えた。

今晩から睡眠学習を始めよう、と思い、説明書を読むと、「まず、覚えようと思う単語を百回位ずつ紙に書いて練習して下さい。その後、その単語をテープレコーダーに吹き込みます」と書いてあるではないか。私は愕然《がくぜん》とした。百回も練習するのが嫌だからこそ、この機械を購入したのである。こんな事では母や従妹からも、「ホラみろ、努力なしで暗記できるなんてうまい話ないんだよ、バカ」と罵《ののし》られてしまう。

私は枕のパワーだけで暗記を達成できたと見せかけるために、家族に隠れて単語を百回ずつ練習した。なぜここまで枕に義理立てしなきゃなんないのか、そして私にとって学習とは何なのだろう、心の中にカオスが生じ、それは単語を練習している間、ずっと小宇宙のように広がっていった。

おかげで、単語の練習はうわの空で終わった。百回書いたはいいが、ただ書いただけであり、頭には何もはいっていない。でも、とりあえず説明どおりに練習したのだし、枕の本当のパワーも試せると思い、胸が躍《おど》った。

テープレコーダーに単語のスペルを吹き込む。今は頭にはいっていなくとも、今日の明け方には枕のパワーにより、私の頭に単語のスペルが刻《きざ》み込まれるはずだ。

「ようし、やってやろうじゃないか」と勢《いきお》いよく寝た。

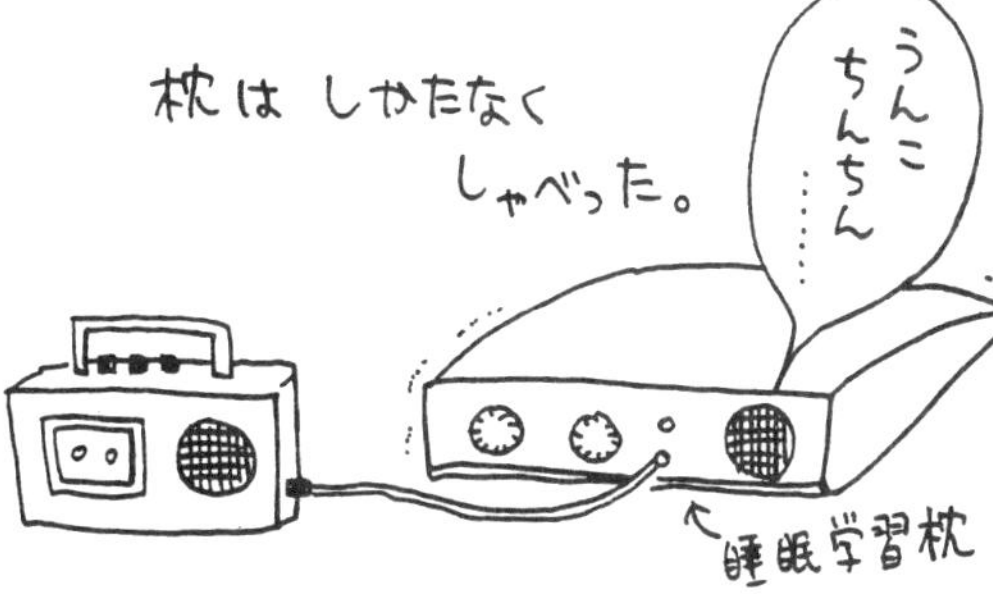
枕は しかたなく
しゃべった。
うんこ
ちんちん
……
睡眠学習枕

そして明け方五時半。タイマーがカチャリと鳴り、汚《きたな》い声が枕から流れ出し、私の眠りは破られた。

父の声である。「うんこちんちん」を消し忘れたのだ。私はフトンの中で「うっ」と呻《うめ》き、あとから流れる自分のだらしない声にも集中できず、起床の時間まで悶々《もんもん》と枕のつぶやきにつきあうハメになった。

翌日、家族の間で枕の事が問題になっていた。一番怒っていたのは、一緒の部屋に寝ている姉である。「だいたい明け方にボソボソと枕から声が聞こえてくるなんて、うす気味悪くて眠れないわよ」とハタ迷惑を訴えている。それに続いて母も、「私もフスマの向こうから声が聞こえて眠れないよ」などと言ったが、この枕の声がそんなに大きいわけがなく、あえなく単なる嫌がらせ発言である事がバレて気まずくなった。

とにかく、次の晩から睡眠学習枕を使用する事は禁止された。私としてもあんなに面倒くさい物を、もう二度と使う気にはなれなかった。三万八千円かけて得たものは、「テイク・ケアー・オブ（面倒をみる）」という英熟語ひとつと、「うんこちんちん」のリバイバルだけであった。

かくて、睡眠学習枕は押し入れの闇に葬られ、我が家に静かな明け方が戻ってきたのだが、問題はあと九回残っているローンである。

乏《とぼ》しい高校生のこづかいの中から、月々三千八百円の出費は辛《つら》い。しかし、これも自分で選んだ道、いつかいい事あるだろうと思い、せっせと毎月郵便局まで振り込みに行った。

ところが、あと一回、という時になって、急に支払うのが嫌になった。あんな役立たずの商品に、なんでこんな大金を支払わなければならないのだろう、という勝手な言い分が頭をもたげてきたからである。それに、もう九回も支払ったのだから、あと一回くらい許してくれそうな気がしたのだ。

私は支払うのをやめた。知らんふりして、うやむやになるのを待とうと思った。

知らんふりを続けて二カ月が過ぎた。催促《さいそく》の通知が届いている。それには、「先月分の料金が振り込まれておりませんが、どうなさったのでしょう」と書かれていたが、気にしないよう振るまった。

それから四カ月が過ぎた。まだ催促の通知の封筒が届いている。私は封を切るのも面倒だったので、数カ月放っておいたのだが、久しぶりに封を開いてみる事にした。

封筒の中には〝警告書〟がはいっていた。もはや、催促の通知のように写植による文字ではなく、手書きによるコピーで次のように書かれていた。「あなたはたび重なる催促にも応じず、残金を支払ってくれません。当社の睡眠学習枕を購入される方は皆様、向学心に燃える、真面目《まじめ》な方ばかりですのに、あなたのような邪《よこしま》な人はごく稀《まれ》です。今回のこの警告を無視し、残金を支払っていただけないのなら、こちらとしましては法の力に訴えるしかございません。そうなる前にすみやかに残金を支払って下さい」……法の力まで持ち出されては、私も驚いてすみやかに郵便局へ直行するしかなかった。

それにしても、向学心に燃える真面目な方が、睡眠学習枕などに手を出すだろうか。

この後も私は性懲《しょうこ》りもなく、続々とバカげた出費をしてしまう。便秘に良い食品やら、髪がツヤツヤするシャンプーやら、ウグイスのフンやら、ヘチマの水やら、頭の良くなる本やら、実にいろいろな物に金を使ったが、ことごとく効果がなかった。

ウグイスのフンを買った時には、祖母《そぼ》が、「そんなものわざわざ買わなくても、家で飼っているセキセイインコのフンを顔に塗りゃあいいだに。鳥はどれでもおんなじだ」と言った。おそらく、ウグイスのフンでもセキセイインコのフンでも、どっちも塗らなかったとしても効果はおんなじであっただろう。祖母の意見はやや正しいと言える。

あやうくセキセイインコのフンまで塗られそうになった私の顔の受難はまだ続く。何やら、電気じかけでローラーがグルグル回って顔をマッサージしたり、タコの吸い出しのように吸いついて、皮フの汚れを取ったりするという奇妙な機械を購入したのだ。

最初は面白がって使っていたのだが、まもなく飽きて使わなくなった。

もう、私が何かを買おうとした時には、腕っぷしの強い男が三人がかりで真剣に取り押さえなければダメである。くだらない物ほど私を引き寄せる力が強いため、始末が悪い。

腕っぷしの強い男三人がいなかったため、私は最近エステに通い始めてしまった。ちなみにもう二回ほど通ったが、全く効果は現れていない。いやな予感がする。たぶん、この出費もムダになるであろう。

今こそ、実家の押し入れの奥から睡眠学習枕を取り出す時がきた。そして父の声で、「ムダ遣いしない」と吹き込み、タイマーをセットし、枕の明け方のつぶやきを私の潜在《せんざい》意識に植え込む必要があるのではないか、と少しだけ枕の復帰に期待している。

メルヘン翁

祖父《そふ》が死んだのは私が高二の時である。

祖父は全くろくでもないジジィであった。ズルくてイジワルで怠け者で、嫁イビリはするし、母も私も姉も散々《さんざん》な目に遭った。

そんな祖父のXデーは、五月の爽やかな土曜の夜に突然訪《おとず》れた。

夜中十二時頃、祖母が「ちょっと来とくんな、ジィさんが息してないよ」と台所から呼んでいる。私と父と母はビックリして祖父の部屋に行った。なるほど、祖父は息をしておらず、あんぐり口を開けたまま動かなかった。あまりのバカ面に、私も父も母も、力が抜けたままなんとなく笑った。

まもなく医者が来て、祖父の屍《しかばね》をひと目見るなり「これは大往生《だいおうじょう》ですね」と言った。死因は幸福の条件の中でも最も大切な要素のひとつである〝老衰《ろうすい》〟であった。

夜中三時頃、続々と親戚《しんせき》が集まってきた。こんな大騒ぎにもかかわらず、姉は自室で熟睡している事を思い出したので、私は慌《あわ》てて起こしに行った。

「ジィさんが死んだよ」と私が言ったとたん、姉はバッタのように飛び起きた。

「うそっ」と言いつつ、その目は期待と興奮《こうふん》で光り輝いていた。私は姉の期待をますます高める効果を狙《ねら》い、「いい？　ジィさんの死に顔は、それはそれは面白いよ。口をパカッと開けちゃってさ、ムンクの叫びだよあれは。でもね、決して笑っちゃダメだよ、なんつったって死んだんだからね、どんなに可笑《おか》しくても笑っちゃダメ」としつこく忠告した。

姉は恐る恐る祖父の部屋のドアを開け、祖父の顔をチラリと見るなり転がるようにして台所の隅でうずくまり、コオロギのように笑い始めた。

私は、「あ、お姉ちゃんダメだって言ったでしょ、いくら面白くてもさァ」とますます追い討ちをかけてやったので、姉はとうとうひっくり返って笑い出した。

死に損ないのゴキブリのような姉を台所に残し、私は祖父の部屋へ観察に行った。誰も泣いている人はいない。ここまで惜《お》しまれずに死ねるというのも、なかなかどうしてできない事である。

そんな矢先、見た事もない老婆が到着した。彼女はジィさんの従姉《いとこ》だか再従姉《はとこ》だか知らないが、とにかく何らかの血縁であると語りながら泣き始めた。

生前、なんら家族と交流があったわけでもないのに泣いてる彼女を見て、私はフト〝泣き女〟の事を思い出した。〝泣き女〟とは、東アジアあたりのどこかの国で、葬式があると悲しみのムードを盛り上げるために、わざわざ泣きにやってくる女の事である。

ここ清水市にも、〝泣き女〟の文化が伝えられたのであろうか。約一名の涙をよそに、葬式の準備はすすめられていった。

「ジィさんの顔、口を閉じてやらなきゃ、まずいなァ」と誰かが言った。私は、そのままでも面白いから問題ないと思ったのだが、そういうわけにもいかないらしい。

「白いさらしの布で、ジィさんの頭からアゴにかけて巻きたいのだが、布はあるか」と親類の男が尋ねるので、母と祖母は必死で探したのだが見つからなかった。深夜なので買いにも行けず、モタモタしているうちに死後硬直《こうちょく》が始まってしまいそうだったので、やむをえずありあわせの手ぬぐいで代用する事になった。

この手ぬぐい、町内の盆踊り大会で配られた物であり、豆しぼりに『祭』と赤い字で印刷されていた。

ジィさんは、祭の豆しぼりでほっかむりされ、めでたいんだかめでたくないんだか、さっぱりわからぬいでたちで、おとなしく安置されていた。祖母は、「ジィさんは、いつでも祭だよ」と力なく呟《つぶや》いた。私が姉に「ジィさんのくちびるから、祭ばやしが聞こえるねェ」と言ったら、彼女はまた台所のゴキブリになってしまった。

ジィさんは、死ぬ数年前からボケていたのだが、そのボケ方がどうも怪しい。知らんふりして私の貯金箱から金を盗んだり、風呂《ふろ》をのぞこうとしたり、好物のおかずが出たりすると一度食べたにもかかわらず、「食べてない」とトボケて食べようとしたりするのだ。

私は、あれは絶対わざとボケたフリをしていると踏んでいた。老人問題の〝ボケ〟まで逆手《さかて》にとって巧みに利用するとは、なんたる不良翁《ふりようおきな》であろうか。

そんなジジィが残した物は、汚いメガネとますます汚い入歯だけであった。

翌朝、互助会《ごじよかい》の人達がやって来た。棺桶《かんおけ》だの花輪だの祭壇だのを物凄いスピードで組み立ててしまった。恐るべし互助会。

黒白の幕が葬式ムードを高め、祭壇のボンボリが線香の匂いをひき立てている。

ジィさんは、昔の人のわりには背が高かったので、棺桶のサイズが合わなか

ったらしく、少し体を曲げて棺の中に納まっていた。数珠《じゅず》をからめて合わせた手が頬《ほお》のところにきている。

体をS字にくねらせて、頬に手を重ねるジジィの姿は、ちょうど夢みるメルヘン少女のようであった。体の周《まわ》りにキクの花が敷き詰められ、ますますメルヘンの風潮が高まった。

いよいよ棺桶のフタが閉められた。これでメルヘン翁ともお別れか、と思っていたら、棺桶のフタには小さな窓がついており、その窓を開けるとメルヘン翁が悪夢のように現れるしくみになっていた。

私はとりあえず受付をやることになった。受付といっても、家の出入口のところで来客に簡単な香典返《こうでんがえ》しを渡す役目である。

近所のおばさんなどが、「このたびはお悔《く》やみ申し上げます」と言ってくれる度《たび》に〝いえいえ、そんなことないんですよ、ねェ〟とニコニコしながら言ってしまいそうになり危なっかしい。

家の前を通る子供たちが、「あーこの家、葬式だー、親指隠せっ」と言いながら歩いてゆく。私は心底恥かしい気がした。

やがて和尚《おしょう》が来て、お経《きょう》をとなえ始めた。和尚の経に合わせて、小さい従弟《いとこ》が、「ボーズがビョーブにジョーズにボーズの絵をかいた」と呟き出したので、叔母が慌てて従弟の口を手でふさいだ。しかし、和尚の経に合わせて私の頭の中では延々と「ボーズがビョーブに……」が巡り続けていた。

通夜の晩、私は棺桶のメルヘンの小窓を開いてみた。すると、モァ〜とドライアイスの煙が流れ出し、今にも喜多郎のコンサートが始まりそうな雰囲気の中、ジィさんの顔が霞《かす》んで見えた。

翌朝、互助会の霊柩車《れいきゅうしゃ》がさっそうと現れた。王様のアイディアなどのオモシログッズ関係の店で注文すれば買えそうなこの車、生きてるうちに一度は乗ってみたいものである。

霊柩車に棺が入れられると、「ジィさんも偉くなっちまったなァ、やいやい」と父が呟いた。ちなみに「やいやい」という無意味なかけ声は、たいした発言でもないのに少し注目してほしい時に発する父独特のくだらない口ぐせである。

霊柩車が火葬場に着き、ジィさんの火葬が始まった。一昨日の夕飯は、平気な顔して食べていたジィさんが、今日には焼かれているなんて、焼き場の煙突も御存じない。私は待ち合い室でジュースをゴクゴク飲みながら、「百まで生きる」と言ってたジィさんを思い出し、もしも本当に彼が百まで生きてしまったら、私は一体いくつになっていただろう、と逆算したりして暇をつぶした。

火葬が済み、一行は寺へやって来た。骨を埋めたり和尚の経を聞いたりしたのだが、その時読まれた弔辞《ちょうじ》のスゴさに私は目を見はった。

「友蔵さん、あなたは昭和三十八年の老人会発足当時から会長を務《つと》め、世のため人のためとなって働いて下さいました。老人会はあなたの努力のおかげでこうして活動を続ける事ができるのです……」

最初から最後まで老人会の話題であった。〝世のため人のためとなって働いた〟というくだりが、弔辞を読んだ人との親しくなさをよく表していて面白い。

家に帰ってから祖母が、「わたしゃ、あの弔辞には感動しちゃったよ」と呟いた。

私は葬式のおみやげの弁当が楽しみで仕方なかった。寺で和尚のお経を聞いている時から、ずっと弁当の事ばかり考えていた。

おいしいと評判の料亭から、奮発《ふんぱつ》して注文したそのお弁当は、本当にとてもおいしくて、私は、「ジィさんも初めて世のため人のためになったな」と、彼の死に謹《つつし》んで感謝しながら、バクリとブリの照り焼きをほおばった。

ジィさんの戒名《かいみょう》の称号は居士《こじ》であった。死ぬと無条件に仏の弟子《でし》になれるというこの世のシステムには改めて驚かされる。もしジィさんが本当に仏の弟子になってしまったら、インチキはするわ酒は飲むわで一日で破門であろう。

それなのに〝居士〟だ。私が、「立派な戒名もらってヨカッタねえ」と母に言うと、彼女は、「あたしゃ、生きてるうちにいい目に遭えりゃ、居士でもドジでもなんでもいいよ」と言いながら、葬式まんじゅうをバクバク食べ始めた。

位牌《いはい》が少し傾いたような気がした。

恐怖との直面

恐怖とは、突然やってくるものだ。ほんの一分前まで平常心だったのに、あの曲り角を曲った途端《とたん》、恐怖に直面するかもしれないし、玄関のドアを開けた途端、恐怖が待ち伏せているかもしれない。

私が短大に通っていた頃、学校へ行く途中の茶畑にひとりの男が座っていた。茶畑の横は竹やぶで、めったに人通りのないその場所は普段から気持ちが悪いと思っていたため、男などが座っていたらもう、私の心の中の警報機は関東大震災直後のように鳴り響いた。

それでも、平常心を装《よそお》いながらその男の横を通り過ぎようとした。大抵の場合、女の自意識が過剰なだけで、何事も起こらないものである。

その男に一番接近した位置まで歩いた時、男は何かボソッとつぶやいた。一瞬、何と言ったのかわからなかったが、次の瞬間それが「いい天気だのう」と彼は言ったのだと私の頭は判断した。40歳位の男なのに、けっこうジジくさい喋り方をするなァと思いながら、「ええ……ハァ」と私は小声で曖昧《あいまい》な返事をした。すると男は少し身を乗り出し、もう一度ボソッと言った。「一緒に死のう」

今度はしっかり聞こえた。男の灰色の瞳は狂気に満ちている。私の全身を死の予感が包んだ。

私は恐怖のあまりグラッとよろめき、そのままの姿勢でオランウータンのごとく走り出した。足腰に力がはいらないうえ、坂道なので二、三回転んだような気がする。

学校に着き、私は涙ぐみながら学生部の女の人に今の出来事を訴えた。その女性は「学校の近辺に、そんな恐ろしい狂言を発する男がいるのは大変な事だわ」と言い、早速警察に通報し、付近の捜査が行われた。校内にも、広報部から放送が流れ、生徒に注意を呼びかけていた。

私は思いがけぬ大騒ぎに発展した事態に驚き、あの男の狂言の威力《いりょく》に改めて恐怖を感じたものである。

それから半年経ち、私は上京して一人暮らしを始めていた。東京は怖《こわ》いところだから、充分気をつけるようにと母は言っていたが、夏のムシ暑い夜だったので、私は窓を開けてアミ戸にして漫画のネームを考えていた。六畳一間、一階のワンルームである。

深夜二時頃、物干し場の方からガサガサと音がしてきた。私は、「ゴキブリかな、ネコかな」と思い、アミ戸に近づき、物干し場を見た。

暗闇の中に、オレンジ色のTシャツを着てうつむいた男が立っていた。私の思考は一瞬ショートした。

もしかしたらこの男の人は水道屋さんで、真夜中なのに点検に来たのかもしれない。それとも幽霊かもしれない。いや、貧乏学生でお腹《なか》をすかせているのかもしれない。それなら御飯をあげなくちゃ。でも強盗かも……。わずか二秒ほどの間に、水道屋と幽霊と貧乏学生と強盗の可能性を思い浮かべていた。

男は少しずつ近づいてきた。私は「?」と思って立ちすくみながら男を凝視《ぎょうし》した。よくよく見ると、男は下半身を出し、それを私に見せようとしているではないか。

〝露出狂だ〟。私の頭にそれがひらめくと同時に〝露出狂＝変質者のくせに小心者〟という予備知識も浮上し、〝これが小心者の……か〟と思って三秒位見つめてしまった。

しかし私が我に返って「ヒャア」だか「ヒェ〜」だかという奇妙な声を出すと、小心者の露出狂は大あわてで立ち去っていった。

即一一〇番したのだが、気が動転しているため、「今、出ました珍棒、物干し場の男」などと新発売の食品のCMのような通報をしてしまい、警察の信用をいまひとつ得られなかった。

朝になるのを待って、私は早速母に電話をかけた。母は私の話を聞くなり、「やだ〜、おっかないねェ、あたしゃ、これだから娘を東京にやるのはイヤだったんだよ」と言って嘆いた。

電話を切って十分後、また母から電話がかかってきた。「あのね、今お母さん思いついたんだけど、あんた、警察と直通のベルを作ってもらいなさい」。母は、はりきってこう言った。そんなもん、国家の重要人物でない限り無理である。

その日は、一日中母から電話がかかってきた。母の防犯のアイディアは凄《すさ》まじく、〝物干し場の入口に大穴を掘る〞とか〝物干し場の周辺にでかいサボテンを植え込む〞等、天才バカボンのパパ並みのひらめきで、次々と私を困惑させた。

最終的に、〝男物のパンツを干してあると変質者は近づかない〞という意見に達し、私の反対を押し切って、父のパンツを送ってきた。父の尻に敷かれ放

屁に耐えてきたこのパンツ、これがいざという時の見張り番だと思うと自分の命の重さが百グラム位に思えた。

それにしても、あの露出狂の下部はとても印象に残った。両手で抱えて重そうに揺すっていたのを見た瞬間、大きめの焼イモかと思ったほどである。

知り合いに話しても皆、「それは見まちがいである」と言って信じてくれない。こんな事ならあの時、露出狂にお茶でも出して拓本《たくほん》にとっておくべきだった。

国外でも恐怖は待ち伏せている。一九八八年末から八九年の正月まで——つまり昭和が終わるかどうかの瀬戸際に——私はタイの離れ島に行っていた。

ここは海も空も美しく、島民も皆良い人ばかりで本当に天国なのだが、交通に関しては地獄なのだ。

観光客はレンタカーか、バスしか移動手段がない。レンタカーを借りる者は良いが、バスに頼るしかない者は地獄を見るのだ。まず〝バス〟とは言うもののその実体は小型トラックであり、荷台に人を乗せるのである。

人数の規制がないため、何人でも乗せてしまう。荷台に乗り切れない場合は、荷台の一番後ろの棒につかまり、車体のふちを足場にして立って乗っている。手を放したら車から振り落とされて死ぬだけである。

これがまた、とんでもないスピードで走るのだ。私は荷台の一番前へ座って運転席のメーターを見ていたのだが、平均百キロ、最高速度百六十キロであった。狂気の運転である。

そのスピードや事故の可能性など、一切を知らんふりして乗客は微笑《ほほえ》み合う。車内は知らんふりの渦となり、やがて百六十キロのスピードも乗客の常識となるのもまた狂気である。

タイのバンコク市内では、通称ツクツクと呼ばれるオート三輪が走っており、人々はタクシーと同じ感覚でこれを利用している。

私も街からホテルに戻る時に、ツクツクを利用してみたのだが、その恐怖たるや〝うしろの百太郎〟もビックリである。

まるでオモチャのようなオート三輪が新幹線の如く走るのだ。私は全身硬直し、いよいよ最期《さいご》の時が来たな、と感じていた。同乗した友人も青ざめた仏像のような顔になっていた。ふと気がつくと、スピードのあまり時々車体が宙に浮いている。

羽もないのに車が浮くであろうか。物理も科学も通用しないゴリ押しの世界の中で、この運転手のオッサンは生きているのだ。

ツクツクに乗っている間、私は今まで親孝行しなかった事をつくづく後悔し、もしも生きて帰れたら、一度は死んだこの命、せいぜい親孝行してやろう、と今までにない清らかな心になって運命に従っていた。

ツクツクが無事ホテルに着いた時、私の体から一気に力が抜け、ガクガクになった。

タイでガクガクになったにもかかわらず、半年後、ニューヨークへ行く事になった。私は全くニューヨークなど行きたくなかったのだが、複雑な成りゆきで仕方なかったのだ。

同行した友人は英語が堪能《たんのう》なので生き生きとしていたが、私はミュージカルを観ても買い物に出かけても全然面白くなく、ただただハンバーガーと野菜サラダを吸収する肉塊と化していた。

ミュージカルを観た帰りに乗ったタクシーの運転手は陽気な黒人で、友人と話が合っていた。黒人は、友人を非常に気にいったらしく、「今から面白い所へ連れていってやる」と言い、ハーレムへと車を走らせた。

ハーレムといえば、観光案内書等には〝なるべく行かない方が良い場所。特に夜は絶対行ってはいけない。また女の人は昼でも行かない方が良い〟とされている場所である。

そんな禁断の地へ行くというのだから私は驚いた。友人に「あんた、ハーレムなんか怖いじゃないの。『ちょっと用事を思い出したから、ハーレムには行かない』って言ってよ」と訴えたのだが、「そんな事言ったら『オレを信用してないのか』って事になってよけい怖いわよォ」と友人は言い、青ざめていた。

小雨が降り、閑散《かんさん》とした街角。そこがハーレムであった。人影もなく、街灯もあまりないのか街中が暗い。運転手は車を停め、「ちょっと、バーの様子を見てくるが、車から出たらダメだぞ。ロックも開けちゃダメだ」と言い残して出ていった。

私と友人は半泣きになり、車中に身を隠しながら、この先どうなるのか話し合った。あの運転手が悪い人で、仲間を五、六人連れてきてレイプされて店で働かされて殺されるかもしれない。私は、また親孝行していなかった事を思い出した。タイのツクツクで、あんなに後悔したのになんでまだ実行していなかったのか、私は心底反省した。危機が迫らなくては親孝行を思い出せない自分が情けない。

やがて運転手が帰ってきた。彼は「バーはあまり良い雰囲気ではなかったので、今日はやめにしよう」と言って車を動かした。私達はホッと安堵《あんど》し、また親孝行の企画は忘れ去られようとしていた。

しばらくすると運転手は車を停めて、「今からオレは、あの店でコカインを取ってくるから待っていてくれ」と言った。私と友人は仰天した。まさに、病んだ大都会ニューヨーク、ああ恐ろしや恐ろしやという心境である。

運転手は戻ってきて、車を運転しながらコカインを吸った。そして「ヒャッホー」と叫んでギュイ～ンとスピードを上げると同時に私達に向かって、「あんた達もコカインをやるかい？」と誘ってきた。

私と友人は「めっそうもない」というジェスチャーをして、「我々は充分ナチュラルハイだから薬は必要ない」と宣言し、急に陽気に振るまった。友人はゲラゲラ笑い、肩をすくめておどけてみせたりするので、私も仕方なく、「ヒャッホー」と、摩天楼《まてんろう》に弱々しい叫びを空しく発したのである。

この世の中に、命がけでやるほどの値打ちのある行為なんてめったにないはずだ。なのにこうして振り返ってみると、バカらしい事で相当命をかけてしまっている。〝たまたま生きて帰れたから良かったものの〟というシチュエーションが多すぎるではないか。もっと慎重に生きてゆかなければいけない。

こう思っていた矢先、電車の中で恐ろしい目に遭った。酔っぱらいだかなんだか知らんが薄汚《うすぎたな》い男が急に周囲の人々にインネンをつけ始めたのだ。「おまえらみんな金もうけしやがって」とか「なんだコノヤロウ、文句あるか」とか、とにかく車内は緊迫《きんぱく》し、静まり返ってしまった。

次の駅でドアが開いた時、その男が降りようとしたので、乗客一同ホッとしたのもつかのま、出入口のところでスレ違った男性にいきなりからみついた。乗客一同またも顔面蒼白の大ピンチである。

ところが、からまれた男性が頼もしい人で「エイヤッ」とばかりに酔っぱらいをつき飛ばし、ゴロンとホームに転がり出た時に絶妙のタイミングでドアが閉まった。遠ざかるホームに物凄い形相で悔しがる酔っぱらいの姿が見えた。やった男性はヒーローである。

こんなふうに、ドラマチックに危機をクリアできるのは稀《まれ》である。からまれた人が、たまたま腕っぷしの強い人だったから良かったものの、普通はなかなかこうはいかない。

それにしてもこんな恐ろしい目にたくさん遭うにもかかわらず無事な私は、運がいいのか悪いのか、神のみぞ知るなのだ。

サルになった日

内臓器系統が弱いのが、私の弱点のひとつである。ちょっと食べすぎたり、食べあわせを間違うと一発でアウトである。

そんな私だから、腹の痛みには慣れているはずだったのだが、20歳の冬に経験した腹痛は、ちょっと驚きの痛さであった。

その痛みは突然やってきた。あれよあれよという間に、私は痛みの権化《ごんげ》となり、父母にその旨を訴えた。

父は、「便所へ行け。早く行ってこい」と面倒くさそうに言った。母は、「正露丸飲みなさい」と言った。誰も本気で心配してくれない。仕方ないので私は部屋の隅で寝転び、しばらく腹の様子をみることにした。

ドゴンドゴンと、心臓が腹に移動したかと思うほど躍動的に痛い。

その頃、私は短大でストア学派を学んだばかりだったので、「こんな肉体的な痛みがなんだ、真の自分は肉体を超えたところにある。痛みに自分をとらわれてはいけない、こんなニセモノの自分にっ……うっ」とばかりに青筋を立てて、汗をかきながら痛みを忘れようとしたのだが、ストア学派も真の自分もたった二分でブッ飛び、私の体はすべて腹の痛みに支配されてしまった。

私の思考回路さえも「痛い痛い」と言っており、完全なる痛みの支配がしばらく続いていたのだが、突然革命が起こった。

「痛い痛い」の思考回路の中に、なぜか水前寺清子の〝365歩のマーチ〟が無意味に流れ始めたのである。しかもエンドレスで。

私の頭脳は革命軍水前寺に支配され、首から下は相変わらず痛みに支配されていた。もう〝私〟という個性がはいり込む余地はない。

そのうちに、ズキンズキンという痛みのリズムが「しあわせは　歩いてこない　だから歩いてゆくんだよ」という歌声とピッタリ合い、私は自分の意思とは全く関係なく、生きるリズムボックスになってしまった。

〝ああそうか、しあわせは歩いてはこないんだ、そうかそうか、だから歩いてゆくのか〟と、時々歌の意味を噛みしめる事が、かろうじて自分を確認できる唯一の方法であった。

痛み発生から約三十分、私は矢も楯《たて》もたまらず、父をせきたて病院へ直行した。

着いた所は有名なヤブ病院であった。しかし今日は日曜で、ここが当番院なのだから仕方ない。

院長は、苦しむ私を見て、「そんなに痛いのも変ですねェ。マァ、この薬でも飲んでれば治るでしょう」と、実に簡単に診察を終えた。

私は血液検査とか尿検査とか、レントゲンとかその他いろいろの現代医学の力を期待していたのだが、そんな思いも薬ひとつで消えてしまった。

家に帰って母に報告すると、「アラ、薬を飲めば治るんなら良かったじゃない。あたしゃ最初っからたいした事ないと思ってたよ」と言って笑った。

薬を飲んでも一向に良くならない。さすがヤブ医者、みんなの評判になるだけの事はある。私は「痛い痛い」と言ってひと晩泣き明かした。

翌朝、別の病院へ行き、「盲腸ですね」とあっさり言われた。すぐに散らす注射をうたれ、やがて腹に平和は戻った。

ところが、「盲腸を、手術してとらなかったけれど、果たしてこれで解決したと思っても良いのだろうか……」というよけいな心配が私の心に湧き上がり、〝気のせい〟でお腹がまた痛くなってしまった。

〝痛いような気がするお腹〟をかかえ、今度は市の総合病院へ駆け込んだ。私の期待している現代医学の力の凝縮されていそうな設備も沢山《たくさん》ある。

医者に、これまでのいきさつを話し、「今は痛いような気がするが、気のせいかもしれない」と、あいまいな事を言った。すると医者は、「痛いような気がするのは、もしかしたら何かあるのかもしれないから、精密検査をしましょう」と言い、検査の日時を指定されてしまった。

私は、こんなに事が大きくなってしまって、内心ぎょっとした。なにも、精密検査なんかじゃなくても良かったのだ。ちょっとしたレントゲンを撮《と》るとか、もう一回血液検査してくれるとか、その程度がうれしかったのに大変な事になった。

精密検査の前日は、腸の中をカラッポにしておく必要があるというわけで、病院で渡された特別なレトルト食品だけしか食べる事ができなかった。これがなんだか、寝ぼけた味で量も少ない。しかし、自分で選んだ道だと思うと誰を恨むでもなく、ションボリ食事を終わらせた。

父と姉が、しきりにレトルト食品の感想を聞きたがっている。どうやらひと口食べてみたかったらしいのだ。彼らはカレーだかなんだか知らんが、ずいぶんおいしそうな物を食べたくせに、まだ私のレトルトまで気になるのか。そう思うと腹が立ち、「レトルトも、けっこうイケルよ、うん」と言ってやったら、

母が「おいしいわけないじゃん、そんなもん」と言い放った。とたんに父と姉の目も醒《さ》め、「そりゃそうだ」という事になり、レトルトは我が家での栄光の座を永遠に失った。

翌日、ついに精密検査の日がやってきた。その日は朝から何も食べてはいけない。そのうえ腸の中の物を全部出すために、下剤をガンガン飲まなくてはならなかった。

それだけではない。浣腸《かんちょう》と座薬《ざやく》も協力して、腸内の掃除を手伝っている。

昨日のレトルトが、今日はもう世の中で一番どうでもいい産物に……、私の体は食物をムダにする一本の管にすぎなかった。

病院に着くと、早速検査室に連れてゆかれた。「ここで、これに着がえて下さい」と看護婦から衣類を渡され、着がえ室のカーテンを閉められた。

その衣類は、至って簡単なシャツとパンツであり、着用すると〝田舎の童《わらし》〟みたいになる。ただひとつ気になるのは、パンツのお尻の部分に穴があいている事であった。

検査室にはいった私は、ベッドにうつぶせに寝るよう指示された。「今からバリウムを入れます」という医者の声が聞こえると共に、尻の穴にシュルリと管が入れられた。パンツの穴は、このためだったのだ。

私は、「わー、なんだなんだ」と思う間もなくバリウムを注入され、シュポシュポという音がするごとに、腸が膨《ふく》れていくのを感じた。

そうっと自分の尻を見てみると、パンツの穴からヒョロリと出ている長い管がまるでシッポのようになり、尻に力を入れるとピクリと動いたりして、夢か現《うつつ》かわからなくなった。

昔、〝女性自身〟だか〝セブン〟だかの週刊誌に、「中国でサル人間生まれる!! 写真公開」という記事が載っていたが、まさに今、自分がそれなのだ。あまりの情けなさに、むせび泣きそうになっていると、急にベッドが傾き始めた。ギギーと、頭の方が下になってきている。だんだん頭に血が上ってきた。尻にシッポもあるのに、なんだってこんな目に……。

その後も、ベッドは斜めに傾いたり、頭が上になったり、体をひっくり返されたり、とにかく散々な目にあった。

私は、右腹がなんとなく痛いような気がしただけだったのだ。べつに特にどうって事はなかったのだ。サル人間に退化した知能で後悔したが、お腹のバリウムがタポタポ音をさせるだけであった。

検査の結果が出た。医者は、「うーん、腸の中に何か残っていてねェ、あんまりうまく見えなかったんだよ。あんた、指定以外の物、何か食べたでしょ?」と言った。昨日、あんなまずいレトルトだけで我慢したのに、医者に疑われるとは悲しい話である。

医者は、「うまく見えなかった」を連発しながら、「もしかしたら盲腸かもしれないし、ひょっとしたら腸にポリープができてるかもしれない」と言った。盲腸ならともかく、なんだ腸のポリープって!? ポリープってだいたい、歌ばっかり歌ってる喉《のど》にできるものであろうに、なぜ私の腸にできるのか。私の腸が歌でも歌っているのだろうか……。不安がつのる。

不安の色を隠せない私を横目にチラリと見ながら、医者は「まあ、そんなたいした事ないでしょうから安心して下さいよ。もう一度、しばらく様子をみてから検査しますから、一カ月後くらいに来てみて下さい」と言った。

次の週から、私は東京でひとり暮らしを始める予定になっていた。

一カ月後、東京での生活に無我夢中になっていて、検査の事は忘れていた。二カ月経っても三カ月経っても、検査の事は思い出さなかった。

半年くらい経ち、フッと検査の事を思い出した。「そういえば、私の腸はポリープがあるかもしれないんだったなァ……」。そう思うと、何かしみじみとした気持ちになり、〝ポリープや　ああポリープや　ポリープや〟などと一句詠《よ》みたい心境になった。

そこで、その創作意欲をそのまま私の本業である漫画にしてやろうと思い、『盲腸の朝』という作品を描いた。

漫画のネタには毎回悩まされるものなので、命がけではあったものの、盲腸になってみて、良かったなァ……と近頃では盲腸の評価も高まっている。

こうしてみると、私の人生ムダだらけだと思っていたが、ムダな事こそネタに使えて大切なものだと、恥かしながら我が人生に光明あり、の気配を感じている。

無意味な合宿

小学生のクラス委員というのは勉強ができて人望も厚い者が選ばれるが、高校生にもなってそんなのやってる者は大抵お人好しやお調子者といったバカ者達である。

高一の春、私は早速HR《ホームルーム》委員に任命された。半年間、クラスの雑用のために駆けずり回らなければならないと思うと泣けてきた。

HR委員になると、『HR委員親睦会《しんぼくかい》』という合宿に参加しなくてはならない。なぜ、他のクラスのHR委員との親睦を深めなくてはならないのか、果たして宿泊までするほどの事なのであろうか……、私は数々の疑問を胸に合宿に臨《のぞ》んだ。

合宿は四時頃から始まった。まず、五、六人ずつのグループに分かれて会議を開く。このグループの中には高校一年生から三年生までがバランスよく配属されており、下級生は上級生の言う事を聞くように命令されていた。しかし、一年生のHR委員と三年生のHR委員が仲良くなっても意味がないではないか。

そんな私の心中も知らず、進行表どおり合宿はどんどん進められてゆく。五時。グループ対抗バスケットボール大会開始。何度も言うが、ここで私がバスケットボールに参加する事が、今後我がクラスのためになるとは全く思えない。

しかし、心とはうらはらに私はバスケットボールを追いかけていた。先輩達も皆、このバスケットボールに青春の一時をかけている。走れ、若きHR委員達!! 燃えよ、熱きHR委員達!! ビバ、HR委員!!……。恥かしながら、私も含め全員が、あの時青春を感じていたに違いない。

汗だくの私の肩をポンと叩きながら、先輩が「よくがんばったわね」などと声をかけてくれる。私はゆであがったタコのような顔でニヤリと笑っておじぎを返した。

七時。夕食の時間である。学生食堂に全員が集められ、体育系の厳《きび》しい先生の監視の下で食事が始まった。「残すなよ、全部食え」と先生の目が光っている。私は空腹だったので、〃そんな事言われなくても全部食べるよ〃と内心思いながら出された物を食べ始めた。

今日のメニューは野菜の煮物と炊《た》きこみ御飯である。全部私の好物なので〃ヒャッホウ〃と心の中でおたけびをあげ、バクバク夢中で食べ始めた。

我が校の学食のメニューは充実しており、うどんだけでも十種類くらいのレパートリーが備わっている。その他オムライス、カツ丼、玉子丼等、どれもおいしくて好評なのだ。

そんな学食のおばさん達が特別につくってくれた炊きこみ御飯であるから、おいしくてうれしくてたまらなかった。

炊きこみ御飯を半分まで食べ進んだ時、御飯の中に小さな小さなコクゾウムシが一匹紛《まぎ》れ込んでいるのに気がついた。

〝ああ、米にムシの一匹や二匹いるだろうな〟と思ってそのムシをつまみ出して捨てた。気を取り直してもうひと口食べようとした時、またコクゾウムシが紛れ込んでいるのが目にはいった。

〝ああ、またか、しょうがないコクゾウムシだな〟と思ってもう一度つまみ出した。

それにしてもおかしいな、と思って注意してドンブリの中を見た。するとコクゾウムシは、ひと口に二匹くらいの割合で点々と紛れ込んでいた。

〝げげっ、こっこれは……〟と思い、隣にいた同級のHR委員に「この御飯の中に、ムシが紛れ込んでるよ、よーく見てごらん、ホラ」と耳うちしたのだが、彼女は「何言ってるの、これムシじゃないよ、シイタケのみじん切りだよ」と言ってとりあってくれなかった。

私は〝シイタケのみじん切りに、足や触角があるはずない〟と思ったのだが、誰も何も言わずに食べているので〝私だけムシがいると騒いで神経質な女だと思われたらイヤだからやめよう……〟とつまらない見栄《みえ》をはり、コクゾウムシをシイタケのみじん切りだと自分を騙《だま》しながら我武者羅《がむしゃら》に食べた。

私はコクゾウムシが自分の腹の中に大量にはいっている事実を一刻も早く忘れたかった。あれは夢だ、本当にムシなんかではなかったのだ、などと自分を安心させるために色々な空想を練った。ついには〝コクゾウムシは体にいいんだ……〟という寂しくもポジティブな空想も生まれ、気持ち悪さで体がゾクゾクしていた。

食後、またグループ別に分かれてゲームの時間になった。合宿所のあちこちにグループが分かれ、トランプなどをやり始めたが、私達のグループだけは食堂を利用する事になった。

ついさっきのあの忌《い》まわしい思い出のある食堂。私は深いため息をついたが、

ゲームをするだけならいいか……と自分を慰《なぐさ》めながらソロソロと食堂へはいっていった。

ゲームは実にくだらなく、散漫《さんまん》な時間がダラダラと過ぎていった。だいたい、初対面の者同士が遠慮しながらトランプなんかをやったって、面白いわけないのだ。

それでも、二時間もやっていれば緊張もほぐれ、皆の顔にも笑いが戻ってくる。おやつにお菓子が配られていたが、次第にそれも底をついてきた。

そんな時、三年生の先輩が「あっ、

お釜の中に炊きこみ御飯が残ってる!! これをみんなでおむすびにして食べよう!!」と叫んだので私の心臓は縮《ちぢ》み上がった。

どうしよう……どうしよう……いらないと言おうか……でもそうしたらせっかくできたHR委員の親睦に水をさすんじゃないだろうか……。私はドキドキしながら時間の流れに身を任せていた。

「あっ、人数分足りない」。天使のような悲鳴が聞こえた。やった!! 人数分ないのなら、後輩が遠慮すれば済む事だ。

私はイスから立ち上がり、「いやー、私はけっこうですから、先輩方、どうぞお食べ下さい」とニコニコ顔ですすめた。

すると先輩方は「あら、いいのよ、後輩の順に食べなさい」と言った。私は慌てて「いえいえ、そんな、私はお腹減ってませんから」と言ったのだが「遠慮するんじゃないわよ」と言い返され、しまいには「三年のつくったおむすびが食えねえのか」という雰囲気が漂い始めた。

避けられない災難というものはあるものだ。私はまたもや『コクゾウムシ御飯』を頰張《ほおば》る事になった。

おむすびは約五口で食べ終わるから、ひと口二匹の割合ではいっていたとしたら、十匹も私のお腹に追加されるのだ。夕食の時の茶碗の中にはいっていた分が二十四匹だとしたら合計三十四匹……、目まいがする。私はなるべく御飯を咀《そ》嚼《しゃく》せず、水と一緒に丸飲みにした。

やがて就寝の時刻がやってきた。その前に風呂の時間があったのだが、当時の私は大勢で風呂にはいるのが恥かしく、どうしても抵抗があったので、カゼだと偽《いつわ》ってはいらなかった。そんな私がまさか数年後、こんなに銭湯好きになるとは……。

私はコクゾウムシのショックやその他の精神的な疲れから、早く眠りたかったので布団《ふとん》の中にもぐって寝た。私の場合、実際に全身もぐるのだ。

この、頭もすべてもぐらせて寝るというのは私の習慣なので、いつも通りそうしただけなのだが周りの先輩達は驚いて「あんたっ、そんなふうにして寝たら窒息《ちっそく》するよ」とか「鼻血が出るよ」などと散々よけいな世話をやくので私の眠りは妨《さまた》げられた。

私が布団の中からモソモソと外へ出てゆくと、そこは『しょうもない話大会』の会場と化していた。

合宿の夜というのはどうしてこう『しょうもない話』がてんこ盛りに出てくるのだろう。

ある先輩の話によると、沼を埋めたてた跡にザリガニの霊が出るという。人の霊というのはよくあるが、ザリガニの霊とは珍しいので、どういうものかと聞いてみると、先輩はさも恐ろし気な顔つきで「その沼のあった所へ行くと、ザリガニのはさみで足をはさまれるんだって」と言った。本当にどうでもいい話である。

また、ある先輩の珍談によると、洗面器で金魚を飼っていたが、冬になり、金魚も全部凍ってしまった。その氷を誤《あやま》って落として割ってしまい、その時金魚も真二《まっぷた》つに割れてしまった。慌てて氷をくっつけ、金魚の体も合わせておいたら春には金魚は無事に泳いでいたというのだ。「そんなの絶対ウソだ」と言ったら彼女は「本当なのよ、それで金魚のくっついたところが少し曲っているの」と真顔で言った。金魚の内臓のしくみは、そんなに単純なものなのであろうか。

『しょうもない話大会』で刻々《こっこく》と時間は過ぎ、夜中の三時頃となった。まだあちこちでボソボソと話し声が聞こえている。私は眠くて眠くて仕方なくなり、布団をかぶって寝た。

翌朝、六時四十五分起床。昨晩の『しょうもない話大会』に参加した事を非常に悔いる。

食堂に行くと、昨日コクゾウムシ御飯を炊いたおばさん達が平気な顔で朝食の準備をしていた。

全員そろって朝食を食べ、その後身支度《みじたく》にとりかかる。顔を洗ったり歯みがきしたり、髪をとかしたりいろいろ時間がかかるのだ。

身支度が終わった者から順に合宿所を出て校舎に向かう。せっかく打ち解けた先輩達とも、合宿所を出たらまた知らぬ者同士という間柄になる。まるでホテルで逢ってホテルで別れる愛人同士のようなものだ。

この親睦会の様子を、クラスに戻ってから発表しなくてはならない。

バスケットボールをし、コクゾウムシを食い、しょうもない話をして終わったこの合宿は、一体何の意味があったというのだろう。

私は体の曲った金魚の事をフト思い出していた。

乙女のバカ心

夢みる乙女ほど手に負えないものはない。

彼女らはいつもボーっとしている。授業中でも登下校中でも電車の中でも、すぐにボーっとしてしまう。

私が夢みる少女だった頃も実に大変であった。生まれつきボーっとしている私が、日常生活に夢までとり入れて生きた時期であるから、そのボーっとし具合ときたら、水族館の水槽の中をグルグル泳ぐマグロのようであった。

夢みる少女の初期の頃（15〜16歳頃）、私は様々《さまざま》な芸能人に熱を上げていた。原辰徳、渡辺徹をはじめ、ＣＭタレントの少年や若手お笑いスターまで、様々な分野にわたり次々と好きになっていった。

渡辺徹にはラブレターまで書いた。内容は極めて稚拙《ちせつ》で恥かしく、「こんなお手紙、初めて書きます」から始まり、「毎日徹さんのことばかり考えています（キャー）」などとひとりで盛り上がり突っ走っていた。

夢みる少女の怖いところは、好きになった芸能人が、もしかしたら自分に振り向いてくれるかもしれない、と思い込んでいるところである。

私も渡辺徹がもしも手紙の返事をくれて、もしも会う事になって、もしもつき合う事になったらどうしよう……あの人は芸能界の人だから〝スクープ〟!!タレント渡辺徹が女子高生M子さんと!!〟などとスキャンダルになってしまう……と本気で心配しながらも期待していた。

ファンレターを出してから三カ月後、私の期待とは裏腹に、商魂たくましいファンクラブの案内状が届いた。その頃から渡辺徹は太り始め、私の情熱も冷《さ》めていった。

芸能人に夢中になるのをやめた私は、理想の男を勝手につくりあげてはボーっとする、夢みる少女第二期に突入した。

ボーっとしている頭の中では、いつでも私の好みのタイプの少年が、かなり美化された私とつき合わされていた。

彼は背が高く頭が良く、芸能人にもいないほどステキな顔立ちをしており、やさしく誠実でそのうえお金持ちであった。現実にはいるはずもなく、万一いたとしても絶対私なんかとつき合うはずはない。そんな男が空想の中では私の思うままなのだ。

私の空想パターンはだいたい決まっていた。美化された私は家柄まですり変え、良家の娘という設定になっている。私はおしゃれをして黄昏時《たそがれどき》の窓辺で彼を待っていると、まもなく彼はランボルギーニだかフェラーリだか知らないが、とにかく幻のスーパーカーに乗って私を迎えに来るのだ。

スーパーカーから降りた彼の手にはバラの花束が用意されており、それが私にプレゼントされるのだ。

その後早速ドライブに行く。なんたって幻《まぼろし》のスーパーカーに乗っているから、世間の人々が「おー、スゲェ車に乗ってるな」とか「まあ、乗ってる男の子ステキ。でも彼女もカワイイからくやしいけどお似合いね」などと噂しているのが聞こえる。この噂だって、自分で考えているんだから空《むな》しいのだが、夢みる少女に空しさなんて皆無《かいむ》である。

ドライブは必ず海へ行く。横浜か神戸あたりの港であろう。間違ってても地元の清水港ではない。その港で海を見たり夜景を見たりしてロマンチックな時間を過ごすのだ。

このへんまで空想すると、いつも眠くなってくる。授業中でも夜眠る前でもそうだ。それでも、眠くならない時はもう少し先まで進む。

港の夜景を見ながら食事をし、チークダンスを踊る。あー、もう書くのもバカバカしいのだが、チークダンスを踊っている場所は、なぜかお城の舞踏会の会場である。

ダンスが終わると、彼はまたスーパーカーで私を送ってくれる。別れ際には

〝おやすみのチュウ〟をしてくれて、このへんを想像する時には「ぎゃあ」などと奇声を発して布団の中に頭をうずめたり、教科書で顔を隠して赤くなりながらニヤリと笑ったりしたものだ。

この空想パターンの他に、『彼とふたりで湖のボートに乗る』の巻《まき》というのもあり、これも典型的な夢みる少女チックな展開なのだが語るほどでもない。とにかく私の空想は、〝キス〟までで止まり、それより先には進めなかった。友人達とはえげつないワイ談を平気で喋るくせに、自分の事となるとそんな艶《なま》かしい事はとても想像できなかったのだ。

この頃から私は〝夢みる恋の日記帳〟をつけ始めていた。日記というよりは詩に近いが、それは読む者を恥かしさで震撼《しんかん》させるパワーがある。

今日ね
久しぶりに
大好きなあなたの夢をみたの

カァァ
←だれかに見られてるんじゃないかと思ってギクシャク歩いている私。じつはだれも見ていない。
空想の男。少年ぽさがいいと自分では思っていた。

ずーっと夢でもいいから
あなたといっしょにいたかったわたし

バカッバカッ、こんなもん書いてた私のバカ。こんな詩に、下手なカラーイラストまでつけてたのだから死にたくなる。

ところがこんなものを、二年半も書き続けていたのだ。

当時の私は、ちょっとどこかへ出かける時も〝もしかしたら恋のチャンスがあるかも〟などと胸をふくらませてイソイソと歩いていたものである。

そんな簡単に恋なんてあるものではない。それでも街のサ店とか、レコード屋とか、通学途中の男子学生に声をかけられるとか、あらゆる可能性にかけていたのだ。

ボケーっと窓の外を見ていて突然「旅に出たいなァ」とつぶやいたり、「海が見たい」と言ってみたりする。実際に行くわけでもないのに、ただ言ってみたいだけのうれしがりなのだ。

とにかくいい加減な詩が多い。

いつかの
あなたの瞳の色と
同じ色の
絵の具をみつけました。

イラストはマリンブルーの絵の具が描かれている。何人《なにじん》に恋していたのであろうか。

「夢の中のあなたへ」という題の、とんでもないい詩のいい加減さは格別である。
あなたとは
あれ以来お会いしておりませんが
お元気のことと存じます
私のことおぼえておられますか
もしかしたら
もう忘れておられるかもしれません
でも
私はあなたのこと
一生忘れません
もう一度お会いできることを
心から願っております。
一生忘れないと言っているが、現在の私には〝あれ以来お会いしてないあなた〃の記憶なんてない。当時はそのくらいインパクトのある〃あなた〃だったのだろうが、一生の私の事まで語られちゃ、未来の私も困惑する。

そんなふうに、空想による理想の男に夢中になった季節は過ぎていった。

夢みる少女第三期は、隣町の進学校に通う男子生徒への熱烈な片想いである。とにかく通学途中でも彼に出会うと私の全身の力は抜け、カバンをバタリと落としたり、クラッと目まいがしたりするのだ。よく、漫画などで大げさに純情少女が赤くなってカバンを落としたりするが、まさかそんな事が本当に自分の身の上に起こるとは思わなかった。

片想いは急速に確実に加熱していった。彼は頭も良く男らしくハンサムで背も高い。こんなステキな人は、どこを探してもいないだろう、この人以外の男と結婚なんてしたくない……。

早急な考えで思いつめ、どうにもならない片想いを嘆《なげ》いて風呂場でさめざめと泣いたりしたものである。

そして、キレイになりたいなどと思いたち、色つきリップクリームを買ったり、フリフリのレースのスカートを買ったり、趣味の悪いファッションに走ってしまった。

この頃になってもまだ懲りずに詩を書いていた。

あなたと並んで歩く夢が
私の心の中を
スローテンポで通りぬける
そのまま
ふたりで道に迷って
夢の住人になってしまえば
ずっとずっといっしょにいられる

呆《あき》れも果てても尽き果てる。よくもこんな、使い古された表現で現実逃避を詩にしたものだ。だが実際にこの時期、本気で夢の住人になりたがり、暇さえあれば目をつむっていた。まるで病気にかかったブンチョウのようであった。
その片想いの彼に、彼女がいると風の噂で知り、私の恋はあっけなく幕を閉じた。私はいつものように風呂場ですすり泣き、こんな詩を考えついた。

真夜中の空は
星がいっぱい
キラキラ
キラキラ
私の心の中も
キラキラしてきた
あの星と
あの星は
あなたとあの娘《こ》
私は

そのそばを通った
流れ星よ

失恋して、よくこんな呑気な事を言っていられるものである。キフキラしてる場合じゃないと思うが、流れ星になって燃え尽きた私は、ようやく夢みる少女から目が覚めつつあった。

19歳になった私は、もう夢みる少女の日記など書かなくなった。学校とバイトと漫画の仕事で忙しくなり、そんなたわけた事を考えている暇はなかったのである。

20歳の終わり頃、上京してきた。上京の際、例の日記帳は破って捨ててきたのだが、一冊だけ〝よりぬき恋の日記帳〟というのがあり、これだけは捨てずに机の奥にしまっておいた。

まさか、そんなものが人目に触れるとは思っていなかったので、日記帳の事はすっかり忘れて毎日を過ごしていたところ、上京してから三年くらい経った頃、母が電話で「あんた、昔書いた詩だか何だかを読んだよ。あたしゃ乙女心に胸をうたれて泣けてきたよ」と報告してきた。

私は愕然となった。……今頃になってあれが……、居ても立ってもいられなかった。すぐに実家に帰り、母から日記帳を没収した。父がニヤニヤしながら「う〜ん、わかるなァ、なんだかその気持ち」などと言っているところを見ると、どうやら彼もこれを読んだのだ。

どうしよう……恥かしい。父と母の脳細胞から、これに関する記憶のある部分だけをレーザー光線で打ち消してしまいたい。

この日記帳の内容を、ほとんど忘れてしまっていた私は、父や母が読んだ後、改めて読むのが怖くて開く事ができなかった。

このエッセイを書くにあたり、いよいよ開かなくてはならなくなり、開いてみたものの想像を絶する恥かしさで、公開できないものが九割方を占めていた。

つまり、ここに公開されているあんな恥かしい詩でさえ、残りの九割に比べたらまだ恥かしくない方なのである。

私がどんなに恥かしくもバカな乙女だったかが、おわかり頂けたであろうか。しかしそんな事を皆様におわかり頂いたところで、この先私が一体どのように生きてゆけばいいのか、という事は誰にもわからないのである。

宴会用の女

人間には『向き』『不向き』があるものだ。私はＯＬをやってみて、つくづくそう思った。

以前なら、友達が「私って、ＯＬに向いてないみたい」などと言うのを聞いて〝そんなのワガママよ、ＯＬなんて学校に通うのと同じで、言われたとおりにやってりゃいいんだから、向き不向きなんてないんじゃないの〟と傲慢《ごうまん》にも思っていたが、とんでもない思い違いであった。

両親の反対を押し切って上京した私は、某出版社に就職した。出版社といっても、ファッション誌や情報誌等の華やかな本を作るのではなく、政府刊行物ばかりを作る、きわめて地味な職場であった。

私は営業課に配属された。営業課といっても、外回りして「これを買って下さい」などという仕事は全て男性社員がやり、女性は資料の整理や注文書の伝票を機械にインプットしたりする、完全な事務作業であった。

私の班は男性三名、女性五名の計八名で活動していた。女の先輩は皆気立てが良く、とても親切だったのだが、男三名は良くなかった。

特に私の横にいる男は30歳前後でメガネをかけ、実に貧相で下品な風貌《ふうぼう》であった。この男をこの先〝先輩〟と呼び、慕《した》わなければならないのかと思うと、労働意欲が蒸発していく気がしたが、一応「どうぞよろしくお願いします」とあいさつした。

貧相で下品なその男は、私のあいさつなどどうでもいいという様子で「ああ」と言い、そのまま仕事を続けていた。横顔をよく見ると、数本鼻毛が伸びていた。

この会社には、実に忌まわしい暗黙の掟《おきて》がある。出勤時刻七時半という規則である。いや、規則では八時四十五分までに来れば良いという事になっているのだ。ところが社長が〝年寄りの早起き〟で、六時頃出社してくるため、部下も倣って早起きをし、平社員も七時半を過ぎての出社は気まずくてできないのである。

上京したばかりの頃の私は、とにかく出費をできるだけ抑えて暮らそうと思っていたので、毎朝五時に起きて弁当を作った。ＯＬとはこんなに辛いものなのかと、米を研《と》ぎながら泣いたものである。

入社して一週間目頃、新入社員歓迎会が開かれる事になった。「そうかそうか、歓迎してくれるのか」と呑気に構えていたところ、「新人の皆さんには、全員一曲ずつ歌を披露《ひろう》してもらいますから、明日は覚悟しておいて下さい」との指令が下った。

歌……、私はこれまでに人前で歌った事なんて、幼稚園の遠足のバスの中で死ぬほどイヤだったが『カエルのうた』をゲロゲロと歌った以外に一度もない。泣き出しそうになっている私の肩をポンと叩き「キミ、短大にいた頃、みんなの前で漫才をやったんだってねェ。面白そうだから我が社で採用したんだよ。明日も期待しているからね」と、にこやかな顔で課長が通りすぎていった。私は、この会社の色物担当用の女として雇われているのか……。

家路につく地下鉄の中でも、ずっと〝面白いから採用した〟という言葉だけが頭の中にゴトンゴトンと響いていた。

家に帰ってから、私は早速歌の練習を始めた。中島みゆきの『極楽通りへいらっしゃい』というけだるい歌を、ボソボソと何十回もくり返し練習した。六畳一間のアパートの壁は薄い。こんな、一人暮らしの女のうす気味悪い歌声が、隣室に流れたら他人にも迷惑がかかる、などといろいろ気を配りながら部屋の片隅で背中を丸めながら歌い続け、夜が更《ふ》けた。

翌日、仕事が終わってからいよいよ新入社員歓迎会が始まった。会場は、社内の雑然とした一室で、仕事机の上に点々とビールやら酒やら簡単な食べ物等が置かれていた。

なんか、貧乏な家のクリスマス会という感じである。私は景気づけのためにビールをゴクゴク飲み、おとなしく自分の出番まで待機していた。

同期の仲間が次々指名され、楽しく自己紹介をし、歌っていく。皆、堂々としたものである。『走れコータロー』を歌って景気づける者もいて、場はかなり盛り上がっていた。

「さて、いよいよトリをとってもらうのはお待ちかね、さくらさんです。イェー」

泣きたくなるような軽い掛け声にあおられて、私は会場の中央に躍り出た。まずは夢中で自己紹介をし、かなりの笑いをとったので〝フッ、よしよし私の実力なんてこんなもんよ〟といい気になり、そのまま歌に突入した。

「中島みゆきの『極楽通りへいらっしゃい』を歌います」と言ったとたん「いいぞー」等の歓声が湧き、歌い出すと共に手拍子が鳴り始めた。

♬「どこから来たの〜って　わたし〜が聞いた〜ら　慣れたフリし〜て

こたえ〜てね〜」

みんなニコニコ顔で聞いていたが、歌が二番にさしかかる頃、だんだん様子がおかしくなってきた。

♬「今日は何回頭下げた〜の　人からバカだって言われ〜たのォォなぐり返したぁぁい気持ちをためてェわたしィを笑い〜に来たんでしょ〜」

これはサラリーマンの悲しみを場《ば》末《すえ》の飲み屋の女が慰める歌だったのだ。

内心〝しまった〟と思いながらあとには引けず、うつむいてゆく男性社員の顔を見ながら、私は歌い続けるしかなかった。

♬「幸せ不幸せ混ぜてあげるぅ　今夜は～よ～こそ～　ここは極楽通り～……」

あんなに盛り上がっていた場は一気に静まり、歌い終わった私は地獄通りからやって来た不吉な女になっていた。針の筵《むしろ》を歩くような思いで席に戻り、ひきつったままの顔でビールをゴクリと飲み干した。

昨日の失敗を今日に持ち越している余裕はない。それがOLの人生である。

私は一生懸命パソコンのキーボードを叩き、注文書等の情報をインプットする作業に励んだ。

しかし、他の同期が五十できるところを私は三十しかできず、しかも間違いが多い。簡単な宛て名書きすら注意力散漫な私は書き損じてしまい、隣の貧相な男から何度も軽蔑《けいべつ》の眼差《まなざ》しを向けられていた。

実はこの頃、会社には内緒で漫画の仕事も兼ねていたので睡眠時間が足りず、仕事中に往々《おうおう》にして睡魔《すいま》が襲ってきたのである。

ボーっとした頭に睡魔がしのび寄ると、夢か現《うつつ》かわからなくなり、隣の貧相な男に「……だから山田さんは上手だって言ったじゃないですか、あれはなかなか良かったですね」などと急にブツブツ喋りかけたりして、ハッと気がつくと貧相な男の驚愕《きょうがく》にひきつった顔がアップで現れるというような事もしばしば起こっていた。

ある日、パソコンを打っていた私はまたも睡魔に襲われ、顔をゴンッとキーボードに叩きつけてしまった。

パソコンのモニターはビ――ッとメチャクチャになり、私はハッと青ざめた。なんと、私のパソコンのモニターだけでなく、並んでいるパソコン全部が関連してビ――ッとなってしまったのだ。こんなにもパソコン同士は仲が良かったのか……。

私がぼんやりパソコン同士の仲の良さを感心していると、周《まわ》りは大騒ぎになっていた。

班の係長は「君はただでさえも注意力が足りないのだから、気をひきしめて、居眠りなんかされては困る」というような事をクドクド言っていた。

私は心底すまないと思い「すみません」と頭を下げ、一分も経たないうちにまた睡魔と格闘していた。

こんな調子であったから、班の男性社員からは相当顰蹙《ひんしゅく》をかっていた。それは当然の事である。しかし、違う班の人々からは意外と人気があり、色物担当の女としては上々の役割を果たしていた気がする。

四月も十日を過ぎた頃、『営業課花見大会』が催《もよお》される事になった。あの新入社員歓迎会からまだ一週間も経っていないのに、またそんな事をするのか……と一抹《いちまつ》の不安が過《よ》ぎった。またあの惨劇が……私の胸はつまった。

せっかくの土曜日の午後をムダにするのは非常に辛かったのだが新人に選択

の余地はない。ビールや酒を小高い丘の上まで運ばされ、上司が来る前に準備をしなくてはならないのだ。

続々と上司達がエビス顔で到着する。部長のあいさつが終わると、またも新人が芸を披露する番である。

歌を歌う者あり、踊りを踊る者あり、桜が乱れ散る中、ばかばかしい時間は大きなうねりとなって流れていった。

何の芸もない男が、突然「セミになります」と絶叫したかと思うと、次の瞬間には木に飛びついて「ミーンミーン」と鳴き始めた。

恐怖のセミ男の登場に一同色めき立ち、「もっと上まで行け」のコールが飛び交い、引っ込みのつかなくなったセミ男はどんどん桜の木を登っていったのである。

桜の花びらがセミ男の顔にベタベタとつき、本物の怪人のようになりながら彼は鳴き続けた。私はその時、彼が一生ヒラで終わる予感を止める事ができなかった。

いよいよホコ先は私に向けられた。私は酔った勢いも手伝って、地元静岡の話題を落語風に語り始めた。「あれだね、静岡っつうとお茶が有名でね、もーどこ行っても茶畑ばっかりですわな、そりゃ。他の県との境界線ギリギリまで茶が植えてあるからね、遠くから見ても緑色に盛り上がってるとこが静岡県ってわかるくらいなもんで……」。もう、ある事ない事喋りまくり、酒のおかげで皆異常にウケていた。フト我に返ると、桜吹雪《さくらふぶき》の中で芸人になっている自分が人生を後ろ歩きで歩んでいる事に気づき、空しかった。

五月下旬、またも居眠りをしている私を班の係長が呼び出し、「君はよく居眠りをしているが、何か夜の商売でもしているのかね」と、いやらしい目つきで詰問《きつもん》してきた。

私は内心ムッとしながら「はぁ、実は漫画を描いているものですから……」と気弱に答えると係長は「そんなもん、会社か漫画かどっちかにしろ」と言ったので、私はすかさず「そりゃ、漫画にします」と答えた。

こうして私の辞職はあっさり決まった。課長は「いやぁ、君は面白いから会社を辞めるのは残念だが仕方ないねェ」と最後まで色物担当の私に未練を残してくれた。

この二カ月で私がやった事といえば、歓迎会で場をシラけさし、桜吹雪の中で漫談をし、パソコンを壊し、宛て名書きを間違え、封筒をムダにし、花見帰りのまんじゅうだけは、上司の分までもらって帰ったという呆れた事実だけである。

数日後、もちこされた四月分との二カ月分の給料が届いた。営業課の私の役割は、芸人としての営業に終わった。政府刊行物を出版しているあの会社は、三流芸人を二カ月も雇って社内を潤《うるお》していただけにすぎなかったのだ。

中島みゆき作詞「極楽通りへいらっしゃい」

意図のない話

世の中にはバカバカしくてウソか本当かわからないような話があるものだ。今回は、人から聞いた話中心なのだが、本人の熱弁とあまりのバカらしさに呆れつつ、ここに幾つか紹介しようと思う。

その1　風船女

友人の知人に、どうしても意図のつかめない行動をとる女がいるという。その夜も、その女から突然電話がかかり「今からあなたにどうしても渡したい物があるから届ける」と言うので、こんな夜中に一体何の用があるのだろうと待っていると、数時間後、彼女は練馬から高田馬場まで自転車でやって来て「これ」と言って風船百個を手渡したそうである。

友人は風船百個を手渡され、呆然《ぼうぜん》としたまま立っていると、彼女は「私、もう一軒回っていくから」と言って、猛スピードで闇の中へ消えていったという。行き先はおそらく中野であろうと友人は推測した。

練馬から高田馬場、中野と、深夜に自転車を走らせ、駆けずり回る彼女の目的は唯一「風船百個を相手に渡す」のみ。中野で目的を果たしたら、またそこから練馬まで自転車で帰らなければならない。

何が彼女をそうさせるのか。宇宙からの絶対命令でも受けない限り、人間がそのような行動をとる事は考えられない。

風船百個をどうするか、友人に大きな問題を残したまま夜は明けていったのである。

その2　快便の友

ある夜、友人から電話がかかり、「今、ものすごいウンコをしたのでちょっと話を聞いてほしい」と言うので〝聞きたくないな〟と思いつつ、心とは裏腹に「どんなのしたの」と尋ねると、「もう出るわ出るわで、しかも切れずに長々と続いた」と言う。さらに尋ねると、あまりにも切れないので面白くなり、少しずつ腰を浮かしていったらとうとう直立してしまい、やっと切れたのでモノサシで測ってみたら五十センチもあったと言うのだ。私が「ウソだ、二十センチはサバを読んでいるだろう」と言ったら「本当なのに見せられないのが残念だ。糞拓でもとれればいいのに口惜《くや》しい」と言い、五十センチの糞のおかげで私達はしばらく絶交状態となった。

しかし、彼女の話が事実ならば、彼女の大腸内で五十センチもの便が、ブレスなしで保管されていたのは驚異である。果たして人間はどのくらいの便を体内に収納しておく事が可能なのであろうか。また、人間は一生のうちにどれだけの量の便を排泄《はいせつ》するのであろうか。

彼女の投げかけた五十センチの波紋は次々と私の疑問を呼び覚まし、暇な時

オオサンショウウオと戦う彼の予想図。
なぜ彼がそこまでしたのかは彼自身にもわからないらしい。

にはそればかり考えてしまうほど、心の中に大きな存在となって残っている。

その3　オオサンショウウオ

「俺は、近所の川でオオサンショウウオを捕まえた事がある」と、その田舎育ちの男は語ったので、焼肉屋でほがらかに談笑していた一同は色めき立った。

ザリガニやイモリを捕まえるのとはワケが違う。オオサンショウウオといえば天然記念物ではないか。そんなものが近所の川をウロウロしている事自体、驚愕《きょうがく》するのに、それを捕まえたというのだから大驚愕である。

聞けば、彼の田舎ではオオサンショウウオなどたいして珍しくもなく、それの肉がうまいからと、捕まえて食う者までいたというのだ。

彼の捕まえたオオサンショウウオは、〝オオサンショウウオの中のオオサンショウウオ〟という、ややこしいほどの大物であったらしく、普通のオオサンショウウオは七十センチくらいであるのに対し、それは一メートル五十センチの巨体であったと語る。

それを発見した時、彼は友人が泳いでいると思い込み、「おい待てよ」と呼びかけながら後について泳いだというのだ。

巨大な両生類に呼びかけながら泳ぐこと数分間、彼はやがてそれが友人ではなくオオサンショウウオである事を知る。その途端、彼の体に眠っていたオオサンショウウオ・ハンターの血が目覚め、「うぉ――」という叫びと共に猛然《もうぜん》とオオサンショウウオに飛びかかっていったと語る彼の口にはビールの泡がついていた。

オオサンショウウオに抱きついて、浮いて沈んで流されて、とうとう彼は勝利を得た。全身ヌメヌメになりながら、ジタバタするオオサンショウウオを抱《かか》えて帰った彼は、その日の地元の新聞に大きくとりあげられたそうである。

新聞を見た近所の人が早速やって来て「そのサンショウウオを二千円で売ってくれ」と言ってきた。家族で食べるつもりなのだ。

二千円に彼の心は大きく揺れ、売り渡そうとした時に地元の小学校が「学校で飼う」と言って引き取っていったそうだ。

せっかく天然記念物になったのに、「べつに珍しくもない」と言われ、とっ捕まって売られそうになり、あげくの果てに見せ物になったオオサンショウウオ。彼等に平穏《へいおん》な日々は保証されていないのである。

その4　ヤキイモジュース

三年前、友人が「ヤキイモジュース」という缶ジュースを買ったという話を聞いた。

〝オレンジジュース〟や〝リンゴジュース〟と同じ感覚で〝ヤキイモジュース〟が売られていたらしいのである。

缶にはヤキイモの絵が描かれており、炭酸入りとそうでないものの二種類が販売されていたという。

彼女は両方とも購入し、まずは炭酸なしの方から飲んでみた。

それは、まさしくヤキイモの味で、あの味が液体になってどんどん喉を走り、胃に溜まっていったという。ゆっくり飲むと、ヤキイモのコゲた味まで再現されており、感心したと語っていた。

しかし、液体になったヤキイモを摂取《せっしゅ》するという感覚は、どう努力しても想像がつかない。飲んだ者にしかわからない醍醐味《だいごみ》というものがあるのであろう。

次に彼女は炭酸入りの方を飲んでみた。あのヤキイモの甘さが、香りが、コゲた味が、彼女の口の中で一気にスパークした。

ヤキイモがシュワシュワと体内に流れ込んでくる感じは、この世のものとは思えない気持ち悪さであったと語る。

このヤキイモジュース、喉が渇《かわ》いた時でも全く飲む気はせず、食事にも合うとは思えない。栄養もなさそうだし、一体いつ誰が飲むために開発されたのか。だが、私はただ興味のためにだけ、そのヤキイモジュースを飲んでみたいと心から欲した。

数日後、教えられた店へ行き、それを捜したのだが見つからなかった。おそらく、もう二度と製造されないのであろう。ヤキイモジュースの事は、彼女だけが生き証人となり、語り継いでゆくしかないのである。

その5　四ツ谷駅の男

ある昼下がり、知人が四ツ谷駅のホームを歩いていると、ホームのスピーカーから演歌が流れていたという。

〝ハテ、四ツ谷駅では近ごろ演歌を流すようになったのか〟と思っていたところ、急にもう一方のスピーカーから「お客さんお客さん、駅のマイクで歌を歌うのはやめて下さい」と駅員の声が流れ出した。

知人を含むホーム中の人々がビックリして演歌の出所に注目したところ、一人の酔っ払いが構内マイクで気持ち良さそうに歌っている姿を目撃したのだ。

酔っ払いは、歌の二番にさしかかるくらいは歌っていたらしい。

知人は、夜のホームで数多くの酔っ払いは見た事があるが、白昼堂々、構内マイクで歌っている者は初めてだと言っていた。私もそんな者に遭遇《そうぐう》した事は一度もない。

その酔っ払いだって、年がら年中ホームで歌ったりはしていないであろう。いや、彼は普段は小心者でうだつの上がらない真面目なヒラ社員かもしれないし、人望の厚い立派な上司かもしれない。

四ツ谷駅で歌ってしまった事は悪い夢かもしれないのだ。

悪い夢に四ツ谷駅中の人々を巻き込み、こんなエッセイに記録され、もしも彼の記憶の断片にあの時の事が置き去りにされていて、これを読んだら……。

夢か現か幻か、そのつながりがわからなくて、人は時々苦悩するのだ。

その6　オヤジの遺言

高校の時、同級生から聞いた話である。父親が危篤《きとく》だというので、彼女ら一家は病院のベッドの周りに集まり、真剣な顔で臨終《りんじゅう》に立ち合っていた。

父親は、何か遺言があるらしく、顔をしかめていたが、急に目をカッと見開き「ナッパ!!」と絶叫して息をひきとったそうだ。

残された遺族は呆然、悲しみよりも「ナッパ!!」の意図を懸命に探ってみたがつかめず、未《いま》だ為《な》す術《すべ》がないらしい。

彼は臨終間際に菜っ葉の空中遊泳でも見たのであろうか。とにかく、家族に一番知らせたかった事柄でない事だけは全員に伝わった気がする。

その7　青山のカフェ

最後は私の話である。私の、全くないに限りなく近い、恋愛話の流れの一部なのだが、その日は青山の洒落《しゃれ》たカフェで、彼と真剣な話をしていた。

私は涙を流し、どうやら別れ話になりそうな雲行きであった。

外は霧雨《きりさめ》が降っており、深刻なムードも最高潮の時、突然隣のテーブルにいたサラリーマン四人連れの一人が「それでは私《わたくし》、小便をして参ります」とキッパリ言って席を立ったのだ。

私の涙は半分乾いた。

それでも、青山のカフェと霧雨というセッティングに助けられ、私達はまたもとどおり深刻なムードに包まれ、ティーカップに数滴の涙が混入した。

三十分ほど、私達はフランス映画の男女のような気怠《けだる》い雰囲気に酔っていた。人生にはいろいろな場面があり、自分にもドラマのワンカットのような時があるものだと思いながら、ティーカップに手を差し伸べた時、先程の小便男がまたも「私のパンツのシミでございますが、それは薄い黄色でございます」とキッパリ言ったのが聞こえてきた。

もう、青山のカフェも霧雨も、私の味方をしてくれなかった。

彼のパンツのシミと共に私達の別れ話は雲散霧消《うんさんむしょう》し、そのまま霧雨に打たれて青山を去ったのである。

あの小便男のくだらなさに比べれば、私達の別れ話のくだらなさなんて、彼の屁《へ》にも及ばないではないか、という理由だったかどうかは忘れたが、とりあえず私達は別れずに結婚に至った。

今思えばあの時のあの男は、私達の人生の中で重要なポイントを占める役割を果たしているのである。

物事の渦中《かちゅう》では意図がわからなかった事も、人生を通してみると何らかの意図があるのかもしれない。

たとえそれがどう考えてもわからなかったとしても、わからないという事がわかった事実だけは勉強になるものである。

スズムシ算

『昆虫は宇宙からやってきたのである』という、まゆつばもんの仮説がある。その仮説をまるごと素直に信じている痴《し》れ者がいる。――私である。なにしろ、その仮説によれば昆虫の化石というのは何億年だか昔のナントカ時代から突然出現しているのだそうで、それ以前の進化途中の化石らしきものが見つからないのだという。

地球上への突然の出現――これはもう宇宙からの訪問者としか考えられない……私の安易で早急な思考回路は、その仮説を肯定したと同時に、昆虫に対して宇宙的な規模の夢とロマンを求めてしまっていた。

〃ううむ……虫のやつ、あんな小さな体で実は地球征服を企《たくら》んでいるのかもしれぬ恐るべき生物……〃

さて、そこで私の思考回路は何故かスズムシの研究にはいる。

スズムシというのはある年にある一軒の家で飼い始めると、翌年にはその家を中心とした近所のあちこちに分布しているという、近所づきあいにちょっとした和《なご》やかなブームを巻き起こすシャレた演出をする虫である。

我が家のスズムシ達もやはりその近所ブームに便乗し、二十匹ほどがやってきた。その入手ルートであるが、母が井戸端会議により、

「近所の何某さんの家で大繁殖が起こったため、気前よく分配してくれる」

という情報をキャッチし、早速まだスープの残り香のあるカップラーメンのカラ容器を持参してスズムシを空輸してきた。

わざわざ宇宙から地球を侵略しようと企んでやってきた昆虫《エイリアン》の一部なのであるから、せめて〃日清ヤキソバ『UFO』〃のカラ容器に入れて空輸するくらいの配慮は必要ではないかと、私は地球人として思った。

さて、このスズムシを何に入れて飼おうか、ということが、今日の我が家の

メインテーマである。こんなことが話題になる、サザエさん一家みたいな家族であることに内心幸せを感じているうちに、会議はどんどん進められていった。タライの形のポリ容器にガーゼのキレでふたをして飼うとか、結婚式の引出物でもらった使い道のないツボに入れて飼う、などの意見が有力であった。余談であるが後者の意見である〝使い道のないツボ〟というシロモノは、家にあっても本格的にもてあましてしまう。そのツボに〝寿《ことぶき》〟などの文字がデザインされていたりしたら、床の間に飾るにしても玄関に飾るにしても、オメデタすぎてますますもてあます一方である。私も〝寿〟の烙印《らくいん》を押されたツボをひとつ所持しているが、仕方がないのでロータスクーポンを貯めるのに利用している。

結局スズムシの住まいは父が、〝うちには使っていない水槽があるではないか〟ということを、忘却《ぼうきゃく》の彼方から奇跡的に思い出し、めでたくそれが採用された。

しかし、実はその水槽にはかつて飼っていた熱帯魚《グッピー》を、飼い手《われわれ》の誤りでうっかり全滅させてしまったという、暗く悲しい経歴があるのだ。

この水槽にそんな忌まわしい過去がある事も知らずに、スズムシ達は歓喜あふれる大合唱に余念がない。その姿を見ると私は、まるでアパートの大家が前の住人の一家惨殺《ざんさつ》事件を隠して、次の人に部屋を貸しているかのようなフクザツな心境になり、多少胸が痛くなるのであった。

スズムシは、シャリシャリと実においしそうな音をさせてナスを食べている。時折顔についたナスの汁を前足でぬぐったりする。私なら手でぬぐったあとにすかさず指についた汁をなめたりするのだが、彼らには貧乏性という気質はないらしく、改めて前足をなめる者は見あたらなかった。

贅沢なことにスズムシ達は、ナスの皮を残して食べていた。私はそれを見てボーゼンとした。

〝なんということだ！　私はナスを炒《いた》めた時などは皮の部分が特に美味だと感じていたのに……〟

スズムシにとってのゴミが、私にとってはごちそうだったのだ。

さて、このスズムシ界では無口でニヒルな男などまるっきり相手にされないのだ。もてはやされるのは、歌って踊れるミーハーな男だけ。ノータリンでも歌って踊れりゃ女がついてくるのである。

スズムシの大合唱を注意深く聞いていると、一定のテンポがあることに気がつく。どうやらリーダーシップをとっている者がいるらしい。まずリーダーが鳴き始め、すぐあとを副リーダーが鳴きだす。その後は続々とヒラのスズムシ達が鳴き始め、いつのまにか大音響となる。ここスズムシ界でも厳しいカースト制度は健在であった。

そんな厳しい身分制度からなる正確なテンポの大合唱であるが、時折うっかり間違えて小休止の時に「リーン」と鳴いてしまう掟破りの無法者《むほうもの》もいる。皆が沈黙している時に誤って鳴いてしまった気まずさは、人間界でいうなら卒業式の時に「卒業生起立っ」のかけ声で、思わずつられて立ちあがってしまった

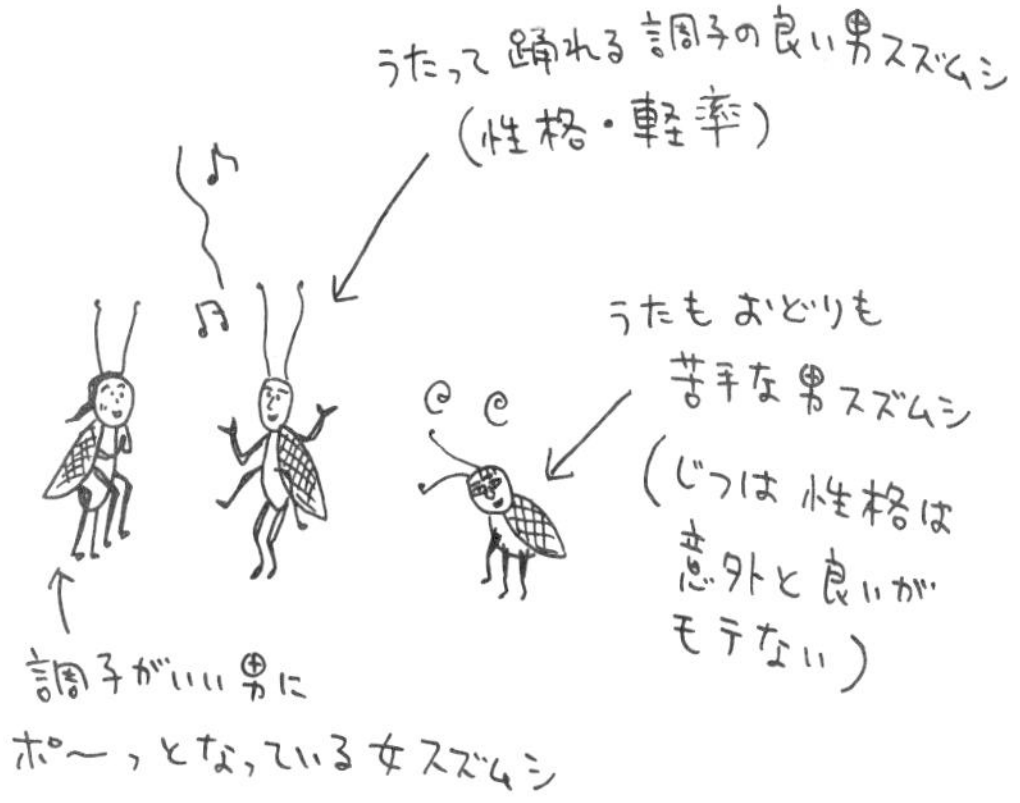

在校生の心境とかなり近いものがあると思われる。

そんなふうに歌って踊って交尾して、もはや鹿鳴館《ろくめいかん》と化したその水槽の中で、本能の赴《おもむ》くまま何の思想もない生活を謳歌《おうか》してきた彼らであるが、秋の深まりも頂点を極めようとする頃、スズムシ界にも次第に寒いムードが押し寄せてくる。

メスの産卵期を迎えるのだ。

メスが産卵の時期を迎えた時こそ、パーティーの終焉《しゅうえん》であり、オスは絶体絶命の大ピンチに追い込まれてゆく。

メスが産卵の際に、カルシウムその他いろいろな栄養補給を必要とするためオスを捕まえて食べるのだ。あんなに女の気をひこうとがんばった男たちであったが、生殖が済んだとたんに、単なる栄養補給のリポビタンDと化す。なかなかムダの無い一生ではあるものの、意味の無い一生であるともいえる。

リポビタンDを食いちらかした女たちのパンパンに脹《ふく》れた腹の中から、卵は産卵管を経てスルスルと土の中に産みつけられてゆく。

疲れきったメス達は、もはやお互いのテリトリーもプライバシーもおかまいなく、足元の土地に卵を産みつけている。やがてこの世の使命を果たしたメス達は、軽いケイレンとともに、短くもバカバカしい一生を走馬灯のように想い出しつつ死んでゆくのだ。

水槽内に静寂《せいじゃく》が戻った。

その土の中に恐るべき莫大《ばくだい》な卵の埋蔵量があることを予感させながら、翌年の初夏まで不気味な静寂は続くのである。

翌年五月、私の予感は的中し、夥《おびただ》しい数のスズムシの子が産まれた。ガラスの水槽の、どの面にもビッシリ小さな黒い体がひしめきあっている。

「ううむ……これは天文学的数値のスズムシが産まれてしまった……」

断っておくが私にとっての天文学的数値とは、千を超す程度である。しかしながら、約二千は間違いなくいるであろうと思った私はその繁殖力におののき、すぐさま友人に話したところ、

「二十匹のスズムシが二千匹になるって、アンタねえ、バ、ク、ダ、ン、あ、ら、れ、じゃあるまいし誇張するのもいい加減にしてよ。沢山いるようにみえてもせいぜい五百か六百よ」

と反論された。そのうえ〝五百か六百よ〟のあとに〝アンタの話はウソ八百〟とまで罵《ののし》られた私は、軽い逆上を覚えながらなんとかして、ざわざわと蠢《うごめ》くその虫の数を出して汚名を晴らしたいと思っていた。数えてみたらきっと二千はいるに違いないのだ。動くから数えられないのだ。いっぺん熱湯に浸《つ》けて

動かなくなったところを数えたいという衝動に何度駆られたことであろう。その衝動をようやく抑えた私は、死ぬほど考えたあげくに「スズムシ算」というものを考え出した。

あてにならない「スズムシ算」の公式は次のとおりである。

「(水槽の側面積)＋(水槽の底面積)」÷(スズムシの大きさ)

この公式さえ駆使《くし》すればスズムシの概数はキチンとはじき出されるハズなのだ(概数がキチンと出るというのも腑《ふ》におちない話であるが……)。

数々のギモン点はあるものの、スズムシ算を行ってみた。それによると総計二千四百匹ものスズムシが生息している事になった。

おお、やはり……私の目は輝いた。計算で出た二千四百匹のうち、この「スズムシ算」に対する私の自信の無さを、四百匹分として差し引いても二千匹は残る。四百も謙虚な気持ちで引いたのだからもはや二千はかけ値なし。概数から近似値《きんじち》に格上げである。この計算により二十匹のスズムシから二千匹のスズムシが産まれたという私の意見はますます深まった。

……しかし、スズムシの繁殖率の見解などを深めたところで、これからの人生に何の役にも立たないところが少し哀《かな》しい私であった。

底なし銭湯

銭湯はいい。

たったの二百七十エンで〝ハ〜ア　ビバノンノン〟の世界に行ってしまえるからだ。

この世智辛《せちがら》い世の中に、わずか三百円未満でこんな夢のような設備が存在するとは、まさに銭湯こそ現代娯楽の死角にハマった最高の落とし子であるといえよう。

そんな銭湯好きの私であるから、せっかくムリして借りてる六畳一間のバス・トイレ付アパートにもかかわらず、週二回ぐらいは銭湯に通っている。しかも近所の銭湯のみならず、フラリと行った町でも見つけ次第、ひとっ風呂あびて帰ってきたりする、もはや銭湯研究家である。

先日、例の如くフラフラ歩いているうちに、ずいぶんハイテクな銭湯を見つけた。早速行ってみると、サルビアの鉢《はち》が並んでいて、ホテルのロビーのような番台があり、料金を払うと部室のカギの代わりにロッカーのカギを渡された。最近はこのテの銭湯が増えてきているらしいが、クラシックな銭湯だけにしか出逢ったことのなかった私は、内心の動揺を匿《かく》すために、思わず、「このアカすり下さい」

と言ってしまい、用もないのにアカすりを片手に、ツウぶった足どりで脱衣所へ向かうのであった。

浴槽へたどり着くと、それは三つにしきられており、一つはアブクだらけの湯舟《ゆぶね》、もう一つはジェット噴射の湯舟、そしてもう一つは何の変哲《へんてつ》もない湯舟、となっていた。

いろいろと工夫されている湯舟は、やはりそれなりに人気があるのだが、何の変哲もない湯舟はまるで人気がなく、ひとりもはいっていなかった。

私は安らぎを求めていたので、ゆったりはいれる方がいくばくかの工夫よりも快適だと判断し、迷わず何の変哲もない湯舟に足を入れた。そのとたん、全身の血が逆流した。

——熱い——

それは恐るべき熱さであった。こんな湯の中に、うっかり子供がふざけて『ザップーン』などと言って飛び込んだら即死である。私は多少おちついた大人でヨカッタと内心思いながら、何事もなかったかのようなカオをして、隣のアブク風呂へ身を沈めていったのである。

それにしても、あの殺人的な熱い湯舟は、あんなハイテク銭湯において一体何の役に立っているのであろうか。私はこのギモンを銭湯通の友人に投げかけたところ、

「銭湯にはそういう、客には理解できないミステリアスな部分がたくさんあるのだ」

と彼女は言った。

彼女の例によれば、以前行った銭湯では、丸い浴槽でその中のお湯がかなり激しくグルグルと流れており、湯につかっている間も幾度となく流されそうになったが、どうにかふんばって入浴し終えたという。この〝流れる銭湯〟は一体何の効果があるのか、また客はなぜ流されないようにそんなにがんばるのか……湯から上がった時に疲労感だけが残り、ナゾが深まっていった、と遠い目をして語っていた。

そんな折、私はまたも新たな銭湯の

ナゾと恐怖に直面した。

その日は、ちょっとセンチメンタルな気分だったので〝夕日の中をてくてく歩きたい〟などと思って、三十分も歩かなければならない銭湯へわざわざ向かった。最初は黄昏《たそがれ》の中をひとり酔いしれて歩いていたが、途中疲れて、センチメンタルもふっ飛び、こうなりゃお猿のかご屋でもいいから乗せてってほしいと思いかけた頃『ゆ』の看板が見えてきた。

ここは前のハイテク銭湯と違い、何のパフォーマンスもない定番の銭湯である。番台ではしおれたじいさんが、つまらなそうに小型テレビを観ている。番台の横に置いてあるアサガオまで、じいさんの真似《まね》をしてしおれている。浴室のドアを開けるとなぜか老婆ばかりが集まっていた。

〝ははん、本日は老人優待の日だな〟と察し、掲示を見るとやはりそう書かれた紙がはってあった。周りが老婆ばかりとなれば、普段は貧弱な私のカラダも〝若い〟というだけで、すべてのコンプレックスがかき消され、「へーイ、ルック・アット・ミー・エブリバ〜ディ」的な気分になり、モンローウォークを意識しながら鼻歌まじりで湯舟に向かうのであった。

湯舟は大と小の二つに分かれており、私はまず〝大〟の方にはいった。〝大〟にはジェット噴射が二つ設置されており、それに身を委ねると肩コリ等がほぐれて、大変に気持ちが良いのだが、皆が何となく遠まきに順番待ちしているので独占するわけにはいかない。こんな時ばかりは、若い身の上をうらめしく思いながら遠慮がちに、的《まと》のはずれた〝おこぼれ噴射〟で筋肉の疲れを癒《いや》すのである。

さて体を洗おう、と思ってあらかじめ洗面用具を置いて確保しておいた洗い場へ行く。目の前の鏡と後ろの鏡とがあわせ鏡になって、見たくもないのに老婆のハダカが次々に映し出されている。

髪を洗っている最中、ふと頭を上げた時、真後ろの老婆と鏡の中で目と目が合ってしまったりする。なんとなく気まずいので、ニッコリ笑って、こちらからあいそをふりまいたつもりが、向こうは笑ってくれるはずなどなく、私の凍《こお》りついた笑顔の上を、アワ立ったシャンプーがダラリとすべりおちてゆくだけであった。

再び体を温めようと湯舟に向かった。今度は〃小〃の方の湯舟にはいろう、と七分前頃から決意していたので、その足どりはしっかりと地についていた。

小さい湯舟の湯は、薬湯になっており、アオミドロやクンショウモなどが浮遊している、季節はずれのプールみたいな色なので、底が全く見えずに、中央からは何やらポコポコと奇怪《きかい》な気泡が発生していた。そんな恐ろし気な湯であるから、私も少し警戒して、風呂の縁《ふち》の段になっているところに坐っておとなしくしていた。それにしても足が底に着かないので〃ハテ、これは一体どのくらいの深さがあるのだろう？〃とギモンに思い、そっと足をのばしてみた。

〃あれ？　底に着かないな、おかしいぞ〃

ますますのばしてみた。

〝あれれ？　まだかな？〟

　私は湯舟のへりにしがみつき、足が攣《つ》る寸前までのばしてみた。こんなうす気味悪い湯の中で、首だけ出して洗い立ての髪をヌラヌラさせて、何かを追求している私の姿は、まるで〝妖怪《ようかい》ぬれ女〟である。物凄く思いきって顔半分まで薬湯に沈み、足をのばしてみた。もう命綱の〝へりにつかまる手〟もシドレかけている。

　しかし、とうとう底には着かなかった。それ以上沈む勇気はぬれ女にも無い。転がるようにして薬湯から上がり、とぼとぼと脱衣所へ向かった。

　パンツをはきながら考える。果たしてあの薬湯に底は存在したのであろうか。のぼせた頭の中に、その事だけがフツフツとナゾめいている。……今から、また三十分もの道のりを歩いて帰らなくてはならない。空しさが増す……。

　あれ以来、あの〝底なし銭湯〟には行っていないが、私は近い将来必ずもう一度行き、底の有無《うむ》、その他の正体をあばいてやろうと思っている。

それが一人前の『銭湯研究家』としての役割なのだから。

金持ちの友人

べつに意識しているわけでもないのだが、なぜか私の友人は〝金持ちの家の子〟というのが昔から多い。私の家は小さな八百屋なので、当然ながら全然金持ちではないのだが、商店が多い町のため特に引け目も感じずのびのび育った。

小学校の頃、十人位集まって、自分の家の自慢をした。皆、商店の子供だったので、お花屋さんやらお米屋さんやら、おすし屋さん等各々が得意げに発言した。

私も大得意だった。

「わたしんちはねェ、スイカなんかもう五月頃から食べられるんだよ。メロンなんかさぁ、毎日食べてるから飽きちゃったよ」

そう言ったら、皆が「おおっ」と歓声をあげ、一番いいのは八百屋だという事になった。中でも穂波さんという子が一番羨《うらや》ましがり、「いいなー、メロン毎日食べれていいなー」としきりに言っていた。彼女の家は不動産屋である。そんなに羨ましいのなら、喜んで立場を替わってやりたい。

彼女の一家が引っ越す事になった。隣町に新しい家を建てたからだ。それまで住んでいた家もかなりのものだ。大きい池があって錦鯉《にしきごい》がウジャウジャ泳いでいる。これよりすごい家に引っ越すのかと思うと、子供の私にはもう想像がつかなかった。

引っ越したから遊びにおいでと言うので、私は早速おじゃました。長い塀《へい》で門まで遠い。やっと門に着き、はるか遠くの真正面に二階建の日本家屋が見えた。私は「へー、日本のおうちっていう感じするねェ。あんたの部屋は二階なの？」と尋ねると「え？　もしかしてあの建物のこと言ってるの？　あれはずっとおばあちゃんが住んでいた家で、今は物置きだよ」と言った。じゃあ家は？　と尋ねる間もなく左横を振り向くと、そこには平安時代のお姫様が住んでいるような新しい御殿が建っていた。

中からおばさんが「いらっしゃい」と出てきた時には、本当に紫式部かと思ったほどである。私がさきほど間違えた物置き小屋だって、うちの家族に与えれば大喜びで住むに違いない。私はメロンの無力を哀しく思った。

不動産屋の次は医者である。加藤さんの父は有名な精神病院の院長で、私の家の近所にすごい家を建てたのだ。中学二年の時である。

当時ではまだ珍しい床暖房システムで、足の裏が熱かったのが印象深い。台所も居間も広々しており、庭にはゴルフボールが転がっているし、犬も走っている。

外国の映画に出てきそうなゆったりした階段を少し登ると、中二階へ着いた。ここは、お客様が来た時のパーティー用の部屋だそうで、三十畳位あるだろうか。中学の美術の教科書に出てきそうな大きな洋画が重々しく飾ってあり、白いピアノに弾き語り用のマイクが取りつけてあった。

ここで、どんなパーティーが繰り広げられるのだろう。永遠に私には縁の無い事だと思っていたのだが、意外にもそれを垣間《かいま》見られるチャンスがやってきたのだ。

有名人とついに会う

なんと、彼女の家に俳優の水谷豊がやって来るというではないか。どういう了見で来るのだか知らないが、そこは金持ちの世界である。貧乏人の知ったこっちゃないのだ。私は加藤さんに「お願いだから水谷豊をひと目見せてよ」と哀願した。彼女は仕方なさそうに「じゃ、頃合いを見はからって電話するから」と言ってくれた。

夜、九時頃電話が鳴り、私は加藤家へ直行した。中二階の扉を開けると、そこは楽園と化していた。人々は和やかに談笑し、虹色のオーラに包まれていた。水谷豊はTVの中と同じ笑顔で、当時の恋人であるミッキー・マッケンジーをお忍びで連れてきていた。

ふと気がつくと、なんだかフラフラとあっちへ行ったりこっちへ来たりする、ヘンな男が紛れ込んでいる。酒のビンを小脇《こわき》にかかえて、国籍不明の顔つきをしている。私が加藤さんに「あのカンボジア人みたいな人、だれ？」と尋ねると「あれ、うちの父だよ」という答えが返ってきた。父だったのか……カンボジア……。

私の気まずさを破るようにして、ミッキー・マッケンジーが弾き語りをすると言いだした。曲名は〝あなた〟であった。

〜「ムォしィモォ〜　ウァたしグァァ〜」まるで犬の遠吠えである。なんともねばりつくような〝あなた〟を唄う彼女を囲み、「あら〜、上手ねェ」と誉《ほ》めちぎる奥様方。私は自分がミッキー・マッケンジーでなくて本当に良かったと心から感じた。

その時、ミッキーの背後に黒い人影が現れた。加藤さんの父である。彼は、

「あな〜た〜」と叫ぶとミッキーの背中をチョンとこづきながら「あんた、友和といつ結婚するんだよォ、エ？」と質問した。どうやらミッキーを山口百恵と間違えているらしい。

一同顔面蒼白のまま、記念撮影が行われた。三、四人の子供達が水谷豊を囲む中、加藤さんの父がフラリとはいり込み、ニヤリと笑った時にフラッシュは光った。

あの父に、百恵・友和コンビと誤解されたまま水谷豊とミッキーを乗せた車は、加藤家の車庫から走り去った。

見送る私達の心には、冷たい晩秋の風が少しだけ吹き込んできた。

茶会が開かれる広大な庭

さて、最後は最近友達になった大森さんの登場である。彼女は私の金持ち友達の総決算とも言えるほど、すごい家に住んでいる。

都内なのに敷地三千坪《つぼ》の庭があるのだ。彼女の家の最寄《もよ》り駅でタクシーを拾えば「大森邸」と言うだけで運んでくれるという。

先日、私は友人数名と〝大森邸観光ツアー〟を組み、その全貌《ぜんぼう》を見せてもらう事にした。

家の門から玄関に着くまでの空間を、百坪ほどとってある。百坪あれば物凄く立派な家が建つのに……と思うが、大森さんちには、まだ二千九百坪残っている。いや、庭だけで三千坪というのだから、こんなもの数にはいらないのだ。

池の中には大きい鯉と、小さい金魚が泳いでいたので「あれ？　大森さん金魚すくいでもしたの？」と尋ねたところ「ううん、小さい魚は自然に繁殖したのよ」と言っていた。もはや、家人の目の届かぬ所で四季は移り、生命が息づいている。美しい芝生の広大な庭では茶会が開かれたりするらしい。

二十年ほど前、大森家は中野から今の町へ引っ越して来たそうだが、一族が立ち退いた跡に小学校ができたという。私は、ただただ呆れるばかりであった。

大森さんの家の中の壁を見て急に、友人のひとりが大声を出した。

「ホラ、この壁がすごいんだぞ。壁がなァ、ゴミを吸いとるから、掃除機がいらないんだぜ」

彼は誇らしげに言い放ったが、他の誰もがそれはセントラルクリーナーである事を知っていた。

母屋《おもや》とは別の、情緒あふれる日本家屋は昔料亭《りょうてい》だったものを、おじい様が気に入ってそのまま自分の庭に運んだのだという。どうやって運んだのか？　金があれば不可能も可能に変わるという現実がそこにある。

金持ちの世界は奥深い。オバケの世界と同じくらい神秘的でちょっとバカバカしい。

これは、人づてに聞いた金持ちの話であるが、ある石油会社の社長の息子がこう言ったそうだ。「ボクんちの庭ではラクダが歩いているよ」

我が家の庭では、女郎グモが奇っ怪な巣を張ってハエを食べていた。地に足のついた光景である。ラクダが歩いてなくて本当に良かった。

週刊誌のオナラ

私も25歳になり、すでに結婚し、主人とふたり、忙しくも楽しい日々をおとなしく送っている。仕事も机上の作業という、実に地味な家業を営んでいる。そんな私が、まさか色恋沙汰《いろこいざた》で週刊誌に載るなんて、いくら『ちびまる子ちゃん』をTVでやろうが、ピーヒャラピーヒャラ言っていようが、決してありえない事である、と思っていた。

しかし、そんな私がこの前、色恋沙汰めいた記事として某女性週刊誌に載っていたのだ（珍事なので記録として時期を記《しる》しておくと、一九九〇年八月下旬である）。

その某女性週刊誌というのは〝女性〇〇〟という、ズバリ女性器の陰語とも思える語句のタイトルをつけている、アノ雑誌である。決してセブンではない。

その記事の見出しというのが実に抽象的《ちゅうしょうてき》で「エッ!? 『ちびまる子』ちゃんが『たま』に好きヨ!」というものであった。ちびまる子ちゃんというマンガの登場人物が、〝たま〟というネコだか婆さんだかわかんない（実際は音楽を演奏するグループ名なのだが）ものに「好きヨ」と言っているという、概念から概念へのアプローチ。私が60歳を過ぎていたら、本気で世紀末の大異変を心配するところである。

くわしく記事を読んでみると、主旨は「『ちびまる子ちゃん』の作者さくらももこ(25)が『たま』のメンバーの知久《ちく》寿焼《としあき》(25)にお熱で、亭主をほっぽらかして追っかけをやっている」というようなものであった。

それによると、私と知久氏はふたりっきりで新宿の飲み屋でビールを楽しそうに飲んだり、私が〝たま〟のコンサートのあとは必ず楽屋にさし入れを持って行ったり、知久氏の出演したコンサートやら劇などを観ては感激して泣いたりしているというのだ。

そんなに気の利《き》くマメな私はこの世に存在しない。居るのは汚い服を着て、手ブラで楽屋付近を亭主とふたりでウロウロしている私だけである。でもまあいい。

そもそも知久君とは、一年ぐらい前から主人と私と三人でよく遊んでいる友人である。彼は容姿が奇妙キテレツなうえ、カッパに似ており、へんちくりんな服を着ているため、三人で飲みに行ったりすると大変目立ち、すぐサインをせがまれている。酔っているときにサインを書かされる姿は、ハタから見ていても気の毒である。

そんな彼は、私との記事が出るちょっと前に、「飲尿療法」で話題になり、幾つかの週刊誌や女性誌に載っていた。見出しには「『たま』がオシッコを飲んでいた!!」と書かれていた。なんだか、ホントにボケた婆さんが間違ってオシッコを飲んでたんじゃないかと、〝たま〟が何か記事になるたびにハッとす

る。
　それと同じ号に、私の「ちびまる子ちゃんポンポコリンで大ヒット」という何やら景気の良い記事も載っていた。
　オシッコとポンポコリンが、次の週は恋のウワサだか追っかけだかしらんが、ふたりそろって写真が載るとは、おシャカ様でも知らぬ仏のお富さんである。

私は景気の良い記事からの暗転といえるが、知久氏は〃飲尿〃から〃追っかけられる人〃としての登場なので明転といえるかもしれず、ちょっと羨ましいがヒガむほどでもない。

今回の記事で一番情けないのは、私の主人の書かれようである。それによると、いつも私が必ず行っている『たま』のコンサートに(実際は必ず行っているほど暇な私ではない)仕事でどうしても行けず、私の代わりに主人がコンサートに行き、メンバーに「ハウスシャンメンたまごめん」と謝《あやま》った……というのだから、これには主人をはじめ、関係者一同力が抜けた。

こう言ってては自慢になるが、私の主人はそんな小学生が使うようなダジャレを言うほどバカではない。もっともっとキレる男である。万一、「ハウスシャンメンたまごめん」などと謝ろうもんなら、この先五十年は後悔するであろう。

私の夫をマヌケなピエロにまで仕立てて、くだらないダジャレを言わせ、夜中まで原稿を書いている女性器陰語名の週刊誌の編集者を想像すると、それでなかった自分が有難くて仕方ない。この原稿だって、新興宗教に目覚めたかのように有難い気持ちで書かせて頂いている。

私はかつてうかつにも、この女性器陰語名週刊誌に取材協力した事さえあるのだ。わざわざ指定の場所にまで出向き、写真撮影までし、何やら質問にも答えた。その上、それから数カ月後には、〃わたしの『ちびまる子ちゃん』体験〃などという読者参加の企画にコメントを求められ、FAXで送るというような協力まででした。私に仕事を依頼《いらい》する時ばかりヘコヘコと調子が良かったくせに、平気で根も葉もない記事もでっちあげる。「ああそうなのか、そっちがそうなら、私だってアンタのとこの雑誌の事を、〃女性器陰語名〃とくらい言わせてもらいますよ、このチョンチョコリン」という心境である。もう何も信用できない。スタミナドリンクの効用まで疑りながら飲むしまつである。

それにしてもこの号一冊見ても実にバカバカしい記事が多い雑誌である。「妻があきれた馬鹿っ夫」（これは〝ばかっおっと〟と読むのであろうか。音読しにくい）というコーナーでは、「笑いすぎて頭が裂けた夫」や「からし風呂で子種が枯れた夫」等が続々と登場している。こんなもの載せてる方こそ〝馬鹿っ雑誌〟である。

芸能関係に目をやれば、毎週の如く明菜さんと聖子さんが登場している。明菜さんの記事では見出しが「独占スクープ　明菜(25)『結婚より赤ちゃんを産みたい』」となっている。こんな雑誌に独占で明菜さんがそんなこと打ちあけるはずがない。内容を読んでみると、やはり「ある女性の証言によると、『明菜はキッパリこう言っていました。〝結婚はどうでもいい。でも子供だけは産みたい〟って』」となっていた。一体〝ある女性〟とは誰の事なのであろうか。この記事は居るんだか居ないんだか分からない女性の証言らしきもの〻みで構成されているのである。

激写スクープなどという項目では、女優の南果歩さんがやられていた。見出しには「ピーチ娘・南果歩(26)同じ年の男優と熱帯夜の『しなだれ』散歩」となっていた。何とも淫靡《いんび》な書かれ方をしたものである。写真を見ても暗がりの中に人影がふたつあるだけで、顔など全く分からない。この雑誌社の女性社員と男性社員を適当に暗がりで撮った写真をでっちあげたって充分作れる記事である。

こんなふうに、ある事ない事書かれても、記事にされた方はほとんどの場合泣き寝入りするしかない。この雑誌は全く自分で何かを創造する能力がない者が、創造している人間の足を引っぱって、でっちあげだけは一人前に創りあげて金を稼《かせ》いでいるのだ。

あやふやな根拠からムリヤリ創られる記事は、オナラに似ている。実体が無いのに臭《くさ》いのだ。

屁をした方はスッキリするかもしれないが、屁を向けられた方はどれほど迷惑を被《こうむ》る事か、一度自分の尻の穴と鼻の穴にホースを直結させてガスを一気に吸い込んで頂きたい。

こんな事を私が書いたところで、女性器陰語名週刊誌のオナラは鳴りやまない。ブーブーするのに気をとられて、天皇陛下のお写真を、いつかのように裏焼きなんかしないように、せいぜい気をつける事である。

結婚することになった

昭和がそろそろ終わりそうな気配が漂っていた一九八八年秋頃、私達は「結婚する事にしよう」という事になり、信頼している友人に聞いた式場をそのままマネして利用する事にした。式場予約も電話一本で済み、面倒な式場巡りの手間が一気にはぶけたと喜んでいた。

さて、結婚が決まると、それぞれの家族の家へあいさつに行かなくてはならない。私は非常に心配になった。うちの家族はどうにもこうにも間が抜けている気がするのだ。特にあの父に関しては心配である。毎日、酒と肴《さかな》を食べる事しか考えていない父が、果たして「お嬢さんを下さい」と言われて何と答えるであろうか。五年くらい前、「もし『お嬢さんを下さい』なァんて来られたら、おれぁ逃げちゃうぞ」と言っていた父の顔が頭をよぎった。逃げちゃうような父なのである。逃げなかったとしても、相当みっともない有様は予想がつく。私の心配はますますつのるばかりであった。

いよいよ私の家へ行く日がやってきた。彼はどうしてもスーツを着ていくと言うので、私は「そんなに気合い入れなくてもいいよ。本当にうちの家族は服装なんてどうでもいいし、緊張するだけ損だよ」と言ったのだが、「いや、こういう時はスーツしか考えられない」と言い張るので、冬物のスーツをさがしたのだが、生憎《あいにく》クリーニングに出してなかったので「ほら、もういいから適当なの着ていきなよ」と言ったのだが、彼はどうしても聞かず、とうとう夏物のスーツを着ていく事になった。

彼は夏物のスーツで我が家に参上し、出された料理にも手をつけず黙って座っていた。母が「さぁさ、どうぞ」と言うと後から父もマネして「どうぞ、アハハ」と無意味に笑い、その言動が三回くらい繰り返された頃、彼はついに「今日はももこさんとの結婚の事でお伺《うかが》いしました」と口火を切った。

結婚の事で我が家に私と彼が行く事は、もちろん家族中の者が知っていたので、今さら誰も驚かなかった。

TVドラマなどではここで父親が「なに〜許さん」と言って杯《さかずき》をひっくり返したり「出てけ〜〜〜っ」と怒鳴ったり、娘がひっぱたかれたり、或いは「こんなふつつかな娘ですが、どうぞよろしくお願いします」等と深々と頭を下げて涙を流したり、上流家庭の父親などは「ほほーう、ま、こんな娘だがよろしく」等と言って水割りを傾けたりするものだ。

我が家でも、父が何か言ってくれるだろうと、誰も何も言わずに数秒待った。しかし、父はただしまりのない顔でニヤニヤしているだけだったので、とうとう母が「こんな子ですけど、どうぞよろしくお願い致します」と言ったら、その後から父は慌てて「どうぞどうぞ」とペコペコ頭を下げながらニヤニヤ笑っていた。

「どうぞどうぞ」と〝持ってけドロボー〞並みの大安物で嫁に行く事になった

私は、呆然としながらさし身にしょう油をつけ始め「こんなふつつか者の父ですが、どうぞよろしくお願いします」と心の中で彼につぶやいていた。

しばらくして、何やら階段の方から怪しい音がすると思っていたら、祖母が沼から這《は》い上がるようにしてゆっくりこちらに向かって登ってくるではないか。薄暗い階段を、ノソノソと腰の曲った白髪の老婆が登ってくる様は悪夢のようであった。

祖母は階段を登り終えると、彼に向かって「このたびは遠い所からようこそおいで下さいました。孫をよろしくお願い致します」と言い残し、登ってくる時と同じ姿勢のまま、ノソノソと階段を降りていった。〝沼に住む亀が、老婆に姿を化《か》えて人間界にお告げにやってきた〟というような、奇怪なムードにあたり一面包まれ、そのまま時は過ぎた。

それにしても、予想通りの父のふがいなさに、私はこれから先の事がますます不安になってきた。結婚式では、いくら新郎の父の方が大変だとは言っても、それぞれの一族紹介というものがある。これは新婦の父もしなくてはならない関門である。

私は一抹の不安を胸に彼と東京に戻っていった。

数日後、彼の家へ行く日がやってきた。今度は私が緊張する番である。私は前日まで〆切をかかえていたので、服もクツも揃えられず、ドラマ等に出てくる〝清楚《せいそ》な娘さん〟とは、まるっきり似ても似つかないいでたちで行く事になった。〝あー、こんな事なら先週服やらクツやら買いに行けばよかった……〟等としきりに後悔しながら汽車に揺られて彼の実家に到着した。

彼の実家の方々は非常に温かく出迎えて下さり、我が家の父におけるような心配は一切なかった。私は、彼が小さい頃親にねだって買ってもらったというロッキングチェアーに座らせてもらい、「これラクですねェ」等と言いながら調子に乗って揺らしすぎ、とうとうひっくり返ってしまった。

〝あっ、ひっくり返る〟と思った瞬間からひっくり返るまでの数秒間、皆の間に流れている時間が止まり、私も、皆も、もう助かりようがない事も助けようがない事も一瞬にして悟っていた。そして私は頭を打った。

皆、驚いて「大丈夫？」と言って駆けつけてくれたので、私は目を白黒させながら「大丈夫です……すみません……ところでタニートニの話ですが……」とトニー谷の話をしようとして混乱した。あちらの御家族は私が頭を打った事をますます心配していた。

その後、私はトイレへ行く途中の廊下で一回すべって転び、戻ってくる時また転んだ。合計三回もひっくり返り、そのたびにあちらの家族を心配させ、心配を残したまま東京へ戻ったのである。

季節は流れ、ついに結婚式の日がやってきた。

私と彼が式場へ着くと、既《すで》に両家の親族は集合して待っていた。私達はすぐに着がえ室に呼ばれ、目のまわるような速さで着物を着せられた。

メイク室でメイクが始まる。どんどん白い粉がぬられてゆき、〝おかめさん〟

みたいになったところでカツラをかぶせられた。ちょうど温泉芸者のようである。

温泉芸者になった私は〝果たしてこんなんでいいのか？〟と思いつつシャナリシャナリと式場へ向かった。まるでキツネにだまされているようである。「フト気がついたら三三九度の酒が馬の小便でした」なんて事になっていたら私の人生モノ笑いである。

そんな私の想いをよそに、陽のあたる神社で式は無事に行われた。神棚《かみだな》の前の舞台では見た事もないようなお面をかぶった人々が舞を踊り、笛や太鼓が鳴り響いていた。私が外人だったら「オー、エキゾチックジャパーン」と絶叫するであろう。

式が終わると親族一同控え室に戻り、お互いの親族紹介が行われる時がきた。これこそ私が最も恐れている時間である。果たして私の父が、うまく親族を紹介できるであろうか……いいやできるわけあるまい……私の不安はツノかくし

の下の頭の中で、台風の如く渦巻きながら激しく吹き荒れていた。

控え室に全員揃うと、ほどなく親族紹介が始まった。まずは向こうの父からである。「私が新郎の父親の……」あちらの父は大変立派である。次々と水が流れるように親族を紹介している。うらやましい限りである。

ついに我が父の番がきた。母も姉もこわばった表情で父を見上げている。父は直立したまま「私が新婦のさくらひろしです」とキッパリ言ってしまった。〝おいおい、あんたは新婦じゃないだろう〟と、会場にいた全ての人の、声にならない想いが渦巻いている。私も母も姉も顔色が失《な》くなった。できるものなら今だけ私の脳と父の脳を瞬間移動させたい。

〝新婦〟と言い切った父はそのままニヤニヤしながら親族紹介にはいった。ところが自分の妻と長女までは良かったが、他の親類になったとたん糸が切れたように名前を忘れてしまったのだ。

「あれが伯父《おじ》の……」と言って伯父の方を指し示したまま動かなくなった父を見て、親族達は自分で名前を言い出した。父は「あれが叔母《おば》の」だの「あれがいとこの」だの言いながら、指し示す手を出したり引っ込めたりするだけのロボットと化した。出したり引っ込めたりする手つきが〝八代亜紀〟が歌った〝雨々ふれふれ　もっとふれ〟の歌の振り付け部分にソックリで、私は恥かしさで血がのぼった頭をかすかに揺らしながら〝ああそうか、父は八代亜紀で、なるほど新婦だったのかもなァ〟と、遠のく意識の中で実感していた。

魔《ま》の刻《とき》であった親族紹介が終わり、披露宴の時間がやってきた。私の父がこれ以上恥をかく用事はもうないはずである。私は少し安心しながら会場へ向かった。

会場には友人や恩師等が集まってくれており、私は初めて〝うれしい〟と感じられた。

披露宴の間も私達はただ座っているだけであり、ドレス等を着ている自分がこの世で一番バカバカしい存在じゃないかと思えてくる。だいたいこの化粧もヘンだ。こんな姿、私じゃない。これはニセモノの自分だ‼……こんなふうに自分に対してやるせなさが煮詰まってきた頃、両親への花束贈呈の時間になった。

花束を持って両親のところへ行く。あちらのお母さんが泣いている。うちの母も少しだけ泣きそうになっている。しかし、うちの母は数日前「わたしゃあんたが一人で上京したあの時の悲しみから比べたら、お嫁に行くなんてのは正隆さん（私の主人の名）もいる事だし、安心しちゃって悲しくないよ」と言っていたので、なるほど涙は流していなかった。

父は私が上京する時ですら「東京なんて新幹線に乗りゃ近い近い。すぐ会えらァ」と言って笑っていた。その時ですらそうだったのだから、泣いているはずがない。どうせニヤニヤしているだろう、と思ってそっと父の方を見た。

意外にも神妙な顔をしている。あんな父でも神妙な顔をするのか、と思った時、父の頬が光っているのが見えた。頬に汗が流れるはずがない。他の人からは見えないが、私の角度からだけは父の涙が見えたのだ。

東京に出ていっても自分の娘である。どんなに遠くに行っても自分の娘である。しかしどんなに近くに行く事になってもお嫁に行けば姓《せい》が変わる。もう自分の娘ではなくなるのだ。

私は父の顔が目にはいらないように体の向きをずらした。涙が流れないように深呼吸した。私がうつむいて、もう一度顔を上げた時、父はいつもの顔でニヤニヤしながら会場から出てゆく人達を見送っていた。

その後の話

ここに載った話の、こぼれ話やら、自分なりの想いやら、よろずの解説をいたしたく思います。いましばらくおつきあい下さい。

一、「奇跡の水虫治療」のこと

本当に、あの時どうして水虫なんかになったのだろう。そしてまた、よくも治ったものである。未《いま》だに自分の左足が信じられない。

水虫で悩んでいる方は、ぜひ試していただきたい。ストッキングにお茶がらを入れ（あまり出がらしでないものの方が良く効く気がする）それを患部に押しつけて巻き、一晩眠るだけである。それを一週間くらい続ければアラ不思議。治るんだから。水虫にもいろいろな種類があるので、治らない人もいるかもしれないが、たいしてお金のかかる事でもないので、決して損な話ではなかろう。私は、ドクダミの葉も相当効くかもしれない、とニランでいる。特に根拠はないが。

二、「極楽通い」のこと

近頃、健康ランドは人気が出てしまい、老いも若きも健康ランドへ行くようなので、以前よりも混雑しており、私はめっきり行かなくなってしまった。吉本ばななさんともけっこうよく一緒に行っていたが、最近はおとなしく家で遊んでいる。吉本さんもお土産にギョーザ等を持ってくるので、家の外に出なくてもよいのだ。今ではふたりして「本当に健康に良いのは何か」という課題を考え、一応〝気功法〟に落ちついた。気功法については糸井重里さんがエキスパートなので、私達は糸井さんを師と仰ぎ、いろいろ教えてもらっている。糸井さんはまるで魔術師のように私の肩コリを直し、「このような能力は誰にでもあるんですよ」と言い切る姿には後光がさしていた。すごいコピーライターである。

三、「健康食品三昧」のこと

私が健康食品屋でバイトしていたあの日々は、一体何だったのだろう。私は全くの商売下手で（実家が八百屋であるにもかかわらず）お客さんに「これ、効くのですか」と尋ねられても「さあ……効くんだか効かないんだか……よく分からないですねェ……」と答えていた事が多かった。よく分からない事は、よく分からないのだ。それをよく知っているようなふりをして売る事なんてとてもできない。

「よく効く」という評判の高いローヤルゼリー等はそれなりに勧められるのだが、何だかよく分からない海藻抽出《かいそうちゅうしゅつ》エキス等は、売ると罪になるような気さえした。おまけに、よくわからないシロモノに限って高い。

最近、飲尿療法も流行《はや》っているようなので、まずはそれから始めるのが良いかもしれない。私も、一度だけ挑戦したが、こんなことするくらいなら死んだ方がマシだと思いあっさりやめてしまった。

四、「明け方のつぶやき」のこと

今でも実家の押し入れの中で眠り続けている〝睡眠学習枕〟は、これから先どのような運命をたどるのであろうか。当時よく見かけた〝睡眠学習枕〟の広告も、最近は全く見かけなくなってしまった。あの商品はもう生産中止になったのであろうか。だとしたら、あの枕は70年代中期から80年代中期の遺産として貴重である。役に立つか立たないかは問題ではない。人類が考え出したバカらしい歩みとして、私はとっておきたいと思う。三万八千円もしたんだし。

五、「メルヘン翁」のこと

さて、メルヘン翁である。これが「青春と読書」に掲載された時、「身内のことを、こんなふうに書くなんて、さくらももこってひどい。もう読みたくない」という手紙が、編集部に二、三通届いたそうだ。そうか、もう読みたくないか、それじゃ仕方ないな、というのが私の感想であった。私はこれからもそのような人達の読みたくない物を書く恐れはいくらでもある。遅かれ早かれ受け入れてもらえない日は来たであろう。

しかし、私は自分の感想や事実に基づいた出来事をばからしくデフォルメする事はあるが美化して書く技術は持っていない。それを嫌う人がいても仕方ないし、好いてくれる人がいるのもありがたい事である。

うちの爺《じい》さんは私や私の姉や母に対して愛情がなかった事は事実である。だから、当然私達も爺さんに対して何の思い入れもなかった。こういう事は、核家族でない家庭では意外とよくある事で、私の友人にも母や自分自身が爺さんや婆さんにイジめられた為に嫌っているケースがいくらでもある。〝身内だから〟とか〝血がつながっているから〟という事だけで愛情まで自動的に成立するかというと、全くそんな事はない。かえって血のつながりというものが、わずらわしい事である方が多いとすら思う。

私は、血のつながりよりも、接する事になったその人を、自分はどう感じるか、自分はその人を好きか嫌いか、という事からつきあいを始めている。私は両親が好きだ。姉も好きだ。血のつながり以前の基本的な想いである。そしてそれが愛情へと行きついている。もちろん、親は子供が産まれた時点で好き嫌いなどとうに超えて愛情を注いでいるし、私自身もそれを感じて育ってきたから、今まで好きや嫌い等といった気持ちは、親に対してもった事もない。だからこれは〝身内だから〟とか〝血がつながっているから〟等という前提をはずしたうえで、個人としての考え方や方向性の、好きか嫌いかを見た場合の感想である。

時折、「父の事が嫌いだ」とか「母の事が嫌いだ」という人がいるが、そういう事も充分ありうると思う。その人の人生はその人しか分からないし、その人個人の考えに他人が介入する余地はない。

話は戻って爺さんの事である。そんなわけで、私は爺さんの事は好きでなかったが、自分の描いている漫画に出てくる爺さんは好きである。「ちびまる子ちゃん」という漫画はエッセー漫画と言われているが、全てが事実であるわけではない。このことは、私は以前から言っているが、「ちびまる子ちゃん」には〝よくいそうな架空の人物〟というのが登場したり、自分なりの感想や、事実のデフォルメや、物語としての架空のエピソードも含まれている。それらを思い出のフィルターを通して仕上げているので、実際の体験を含む〝物語〟となっている（はずである……）。だから「ちびまる子ちゃん」に出てくる爺さんが、まる子をかわいがるのは、私の憧れと理想とまる子への想い入れが混じっているのだと思う。

まあ、そんな事情から「メルヘン翁」に書かれているような葬式が行われたわけである。

六、「恐怖との直面」のこと

世の中には恐ろしい事というのがよくあるものだ。私は事故現場などを見るのを非常に恐れているので、ヤジ馬が集まっている場所には近づかない事にしているが、上京してから三回か四回くらい、「もう少しで見てしまうところだった」というニアミスがあり、改めて都会の恐怖を感じている。

年寄りが「東京はおっかない所じゃ」と言って「ナンマイダブ、ナンマイダブ……」と唱えるシーンがドラマでよく見られるが、あれはなかなかあなどれない発言である。しかし東京は便利だし、都合の良い事も多いので、不安定な基盤の上で今日もこうして暮らしてしまう。

七、「サルになった日」のこと

結局、「腸にポリープがあるかもしれない」と言われた私の腸はどうなっているのであろうか。

最近、私は右の下腹が何となく痛くなり、「もしや……!!」と慌てふためいてガン検診まで受けてしまった。医者から「何でもないです」と言われたにもかかわらず、私は「あの医者は見逃しているんじゃないか」と疑い、夫や友人に「病気で死ぬかもしれない」等と言って騒ぎ、無駄な涙まで流すしまつ。

どうやら、私の腹の痛みは腰痛から来ているらしい。調べによると、私の背骨は姿勢が悪い為にところどころ歪んでおり、その結果の腰痛は当然で、それぱかりかお腹の方の神経まで痛くなっているという事であった。

ガン検診の結果の紙がテーブルの上で空しくたたずんでいる。もう誰も心配してくれる者もいない。

八、「無意味な合宿」のこと（学校について）

私は集団行動がどうにも苦手で、合宿等はもちろん、修学旅行さえも面倒くさくてたまらなかった。行けば行ったで楽しい事もあるのだが、家にいる気楽さと比べれば、他の何より極楽である。

もう、学生時代には戻りたくない。画一化された〝学校〟という組織の中で生きる時間は非常に苦痛である。学生の頃は「そういうもんだ」と思って過ごしてきたが、そういうもんの外に出た今、意味のない抑圧《よくあつ》が多すぎると痛感する。

学校に限らず、集団というのは何らかの抑圧があるものだ。「こうしろ」と言われたらそうするしかない。イヤでも何でもそうするしかない。そして「そんなもんか」とあきらめて日々は過ぎてゆく。

給食が食べれなくて、放課後泣きながら廊下で食べている生徒がいた。

学校の給食で、嫌いな物が出ても食べなきゃならないのはどうしてだろう。

先生は何で怒るのだろう。大人は嫌いな物を食べなくても、ちゃんと生きているじゃないか。子供だって嫌いな物もあれば好きな物もある。大人になれば食べられるようになるかもしれない。何で、今これを怒られてまで食べなくてはならない必然性があるのだろうか。

泣きながら食べている生徒を教師は冷笑しながら監視していた。こんなバカげた抑圧が学校組織の中にはいくらでもあった。遅刻や忘れ物程度で体罰を与える教師もいた。体罰の傷が一生心に残るほど、遅刻や忘れ物は悪い事なのであろうか。もし今私が学校に通っていたら、遅刻や忘れ物による体罰の嵐で登校拒否である。

九、「乙女のバカ心」のこと

ホントに、あの頃の自分を思い出すと、あたしゃ情けないよ。あれが思春期って言うんだろうねェ。私は子供の頃から空想癖《くうそうへき》があった為、よく先生や親から「ボンヤリしている」と注意されていたが、思春期の空想癖はとにかく大ゲサであった。

本文のエッセーにも書いたが、〝彼氏とデートするの巻〟というような空想パターンが幾つかあり、その中でも〝お嬢様がドライブに行くの巻〟というのが非常に情けない。

この空想は、行動も共にするという珍しいパターンである。まず、たいした用事じゃないのに父と一緒に車に乗る。とにかく車に乗る事が肝心《かんじん》なのだ。

車の助手席に座った私は、心の中では既にお嬢様になりきっている。父はおかかえ運転手である。

車が走り出すと同時に窓の外を眺め始める。窓の外はロンドンかパリだと信じ込む。そしてこの車はロールスロイスになってもらう。

お嬢様を乗せたロールスロイスはロンドンだかパリの街並《まちな》みをさっそうと走りぬけ、途中川があったりしたら、それは当然セーヌ川である。

お嬢様はこれからハロッズでショッピングである。何と楽しい事でしょう……。

私の思い込みをパンパンに詰めたボロいライトバンは父ヒロシに運転されて清水の町を走りぬけ、目的地の魚屋に着いた。父ヒロシは、近所の魚屋さんが休みだったので、わざわざ車でここまで来たのだ。ロンドンでなく清水、ハロッズでなく魚屋、ロールスロイスでなくライトバン、セーヌ川でなく巴川、運転手でなく父ヒロシ……数々の現実が戻ってきたところで〝お嬢様ドライブに行くの巻〟は幕を閉じるのであった……。

十、「宴会用の女」のこと

ＯＬは大変である。サラリーマンも大変である。キチンとしなくてはならない仕事は、とにかく大変である。そういうのが得意な人はいいが、うっかり者にとっては大変である。面倒くさがる者にとっても大変である。うっかりしてて面倒くさがる者にとっては地獄である。私にとっては地獄であった。神も仏もあったもんじゃない。宛て名書きすら困難を極める。

みんな、普通にＯＬやサラリーマンをやっているようでも、エライなァと思う。テキパキ仕事をこなしている人は、本当にカッコイイ。

十一、「意図のない話」のこと

何でそうしてしまうのか、分からない行動をとる人というのはたまにいる。この前も、オートバイ用のヘルメットをかぶったまま街を歩く人を見た。ちょっとやそっとの距離ではない。彼はずっとかぶったままだった。

私自身にも、意図のない習慣がある。「どうしても階段を、ちょうど右足で登り切る」というものである。これはもう二十年来続いている。二十年も続いているのに意図はない。今日も私は、ちょうど右足で階段を登り切る事ができるように、調節しながら階段を登るのである。

十二、「スズムシ算」のこと

私は子供の頃から生き物が大好きで、実に様々な生物を飼育した経験がある。犬、猫はもちろん、ある時はニシキゴイの稚魚を物干し場で飼ってみたり、カブトエビの卵のかえるのをじっと待ったり、ジュウシマツの繁殖に全てをかけた時期もあった。

昆虫も大変に好きで、子供が欲しがるメジャーな虫はひととおり飼っていた記憶がある。

中でもスズムシは思い出深い。子供の頃から幾度もこの虫を飼い、繁殖させ、飽きた年には野原に逃がし、また二、三年後には恋しくなってどこからともなく手に入れては飼っていた、という繰り返しであった。

さて、このエッセーにも書かれている二千匹のスズムシであるが、その後、父と私が野原に逃がしに行く事になった。お決まりのパターンである。

水槽から放たれたスズムシ達は、あっという間に草むらの中に消え、私と父は「これでいいのだ」とお互いにつぶやき家路についた。

あの野原では今年もまた、我が家で暮らした歴史を持つスズムシ達の子孫が繁殖しているだろうか。

ナスを見るたびに思い出す。あの二千匹は幻ではなかった事を。

十三、「底なし銭湯」のこと（銭湯の思い出）

最近、めっきり銭湯に行っていない。健康ランドにも行っていないし、人に会う用事のない日には風呂にはいらない事もよくある。

これじゃひとり暮らしの男子学生の方がまだ清潔である。マメに銭湯に遊びに行っていた頃が懐《なつ》かしい。

底なし銭湯にはあれ以来行っていないが、別の銭湯で私はとんでもない目にあった事がある。

夜の十二時すぎ、私は思いたって銭湯へ行く事にした。三年位前の事である。閉店まぎわの銭湯は多少混雑しており、あと三十分位で風呂から出なくてはならない事を皆知っていた。

私はノロノロと体を洗い、グズグズとシャンプーしている間に、他の人は次々と風呂から出て行き、洗い場には婆さんと私だけになってしまった。

やがて閉店の時刻を迎え、私も「そろそろ出ようかな」と思っていたところへ、あまりにも突然に海パンの男が現れたのだ。

私はビックリして腰をぬかし、まだシャンプーの泡が残っているのに這々《ほうほう》の体《てい》で洗い場から飛び出し、パンツをはいた。

あの海パン男は何なんだ。私は服を着ながら洗い場の様子をジッとうかがっていた。

海パン男は掃除道具を手に持って、風呂のタイルを磨《みが》いている。男の近くではさきほどの婆さんが何事もなかったように体を洗っている。

突然、海パン男は何を思ったか、湯舟へとザップーンと飛び込んだ。湯舟の栓をぬくわけでもなく、全身ビショ濡れになりながら恍惚《こうこつ》とした表情で天井を見上げている。

私は空恐ろしくなり走って家に帰った。いくら閉店時間だからといって、女湯に男が海パンではいって来ていいものなのであろうか。第一、こっちはスッポンポンなのに、海パンをはいているのはズルイ……しかし、はいてなかったらもっと大きな問題になる……私の頭の中は海パン男の事でいっぱいであった。もう、いい加減であの海パンがストライプだった事なんて忘れてしまいたい。

十四、「金持ちの友人」のこと

近所の友人の家に、水谷豊さんが来た事は本当にビックリする出来事であった。あの、「熱中時代」に出ている北野先生が来るのだ。この清水の、しかも友人の家に……。

水谷豊さんは穏《おだ》やかな笑顔で優しい人であった。口数は少ないが一言一言に誠実さが感じられ、実にさわやかな印象が残っている。私の、しょうもない思い出の多い青春時代の一輪の花である。

十五、「週刊誌のオナラ」のこと

平成二年は、こんな私がいろんな週刊誌にとりあげられるという、珍しい年であった。

私は取材されるというのはあまり好きでない。例によって面倒くさいという理由が八十パーセントを占めるが、あとの二十パーセントは〝私の言いたい事が正確に読者に伝わりにくい〟という理由である。

話している時の抑揚や、雰囲気までは活字にはならないので、ちょっとした語尾でも違う感じになってしまう。おまけに、二時間位かけてしゃべっても、スペースの都合で大幅にはしょられてしまったりするともう、何を言いたいんだかさっぱりわからなくなってしまう。その辺が気になるのだ。

こうして自分で書いている事は、自分が書いたんだから責任が持てるが、しゃべった事を一度人の手を通して書いてもらうとなるとなかなか責任が持ちにくい。まして、このエッセーに書いた件のように、私が取材されたわけでもなく身に覚えのない事まで書かれたら、わたしゃ一体何なんだろう。

この他にも、私が事務所ともめているとかネタ切れだとか、いろんなことがいろんな雑誌に載っていた。

全てどうでもいい話である。私に関しての事実を、今私が語るなら、腰が痛いという事だけである。

十六、「結婚することになった」のこと
母が、ある日誰かに「おたく、娘さんをよくあげちゃったわねェ」と言われたそうである。母は驚いて「あげるとかあげないとか、娘は物じゃありませんから。行きたくて行っただけです」と言い返したそうだ。

私は、親の所有物として生きてきたつもりはなく、親もそのような気持ちを持った事は一度もないと思う。

親にとって私や姉は、お腹の中からやってきた、これから一緒に喜んだり悲しんだりする、いとおしい仲間であった。

父は、自分が姓が変わってしまう経験がなかったものだから、何だか一層感極まってしまったのであろう。

姓が変わる事なんて、そんなにたいした事はない。水だって、行きたくて空へ昇って、固まって落ちてきたら雪と呼ばれるようになる。それと同じだ。私も行きたくてお嫁に行って呼び名が変わった。

雪は溶けてまた水と呼ばれるようになる。できる事なら私は万年雪でありたいと願う。

あとがき

私が、集英社文芸出版部の横山さんに「エッセーを書いてみたらどうでしょう」と声をかけられて、季刊『小説すばる』に書き始めたのが三年前。以来、「漫画にさしさわりのない程度に、書ける時に書きます」などといい加減な事を言い、ほとんど書かなかったので、呆れ果てた横山さんは「『青春と読書』という雑誌に毎月連載しましょう。〆切があればあなたも書くでしょう。それで貯まったら本にしましょう」とおっしゃり、いつのまにか季刊『小説すばる』の編集長になられていた横山さんを前にした私は、「はい」とも「いいえ」とも言った憶えはないのだが、翌月から連載は開始されたのである。

連載は約一年続いた。その間、私はいろいろな仕事に手を出し、とうとう胃が痛くなり、仕事をする気はあったのだが体力がついていかず、いくつか仕事をやめる事にした。その中に『青春と読書』の連載もはいっており、私の突然の引退宣言に担当の桜木さんと例の横山さんは涙を流さんばかりに惜しんで下さり（もったいない話である）銀座の割烹《かっぽう》料理店に連れて行ってくれた。二軒目のスナックでは〃知らない演歌を勝手に自分で歌って踊る大会〃というのが繰り広げられ、横山さんは自参の扇子《せんす》まで持ち出して踊っていた。

そんな中で、いつ話したんだかわからないが、エッセー本をまとめる話も奇跡的に行われ、こうして本になったという次第である。

横山さんと桜木さんが担当で本当によかった。私はつくづくそう思っております。三年間もお世話になったわりには、やっと一冊という恐るべき長期計画で非常に申しわけなくも恥かしい私ですが、また次も、気長におつきあい願いたいと思っております。
本当にありがとうございました。

一九九一年一月

さくら　ももこ

初出誌一覧

奇跡の水虫治療
極楽通い
健康食品三昧
明け方のつぶやき
メルヘン翁
恐怖との直面
サルになった日
無意味な合宿
乙女のバカ心
宴会用の女
意図のない話
——以上、「青春と読書」
'89年8月号～'90年6月号

スズムシ算
——「小説すばる」'87年創刊冬季号
底なし銭湯
——「小説すばる」'88年夏季号
金持ちの友人
——「小説すばる」'89年冬季号
週刊誌のオナラ
——「小説すばる」'90年11月号
結婚することになった
——「小説すばる」'90年12月号
その後の話
——書き下ろし

もものかんづめ
一九九一年三月二五日　第一刷発行
一九九五年二月二八日　第五八刷発行
著者　さくらももこ
発行者　若菜　正
発行所　株式会社集英社
東京都千代田区一ッ橋二―五―一〇
郵便番号　一〇一―五〇
電話　編集部　(〇三)三二三〇―六一〇〇
販売部　(〇三)三二三〇―六三九三
制作部　(〇三)三二三〇―六〇八〇
印刷所　中央精版印刷株式会社
検印廃止
乱丁・落丁本が万一ございましたら、小社制作部宛にお送り下さい。送料は小社負担でお取り替え致します。

ISBN4-08-772783-1 C0095